Stefan Baumgartner

Tangentialverkehr
in Ballungsräumen

Ein Stadtbahnprojekt südwestlich von München

2001

Titelseite:

Titelfoto: Stadtbahn auf Rasengleis, Allee in Forchheim bei Karlsruhe
(© Stefan Baumgartner)

Karte: vorgeschlagene Stadtbahnlinien (rot) vom Würmtal nach Germering
(© Stefan Baumgartner)

1. Auflage, 2001

Herstellung: Books on Demand GmbH, Norderstedt

ISBN   3–8311–2689–5

Autor und Herausgeber:

Stefan Baumgartner
Allinger Straße 52
D-82223 Eichenau

E-Mail: stadtbahn@gmx.net

Grußwort des Landrats
Landkreis Fürstenfeldbruck

Der Landkreis Fürstenfeldbruck sieht im Öffentlichen Personennahverkehr eine wichtige Säule für eine moderne und zukunftweisende Verkehrspolitik. Neben S-Bahn, Regionalbussen und Anrufsammeltaxis könnte auch eine zukünftige tangentiale Stadtbahn deutlich zur Entschärfung der ständig wachsenden Verkehrsproblematik und zur Verhinderung eines drohenden Verkehrskollapses beitragen. Auch wenn die Stadt-Umland-Bahn einigen vielleicht als Projekt erscheinen mag, dessen Realisierung noch in weiter Ferne liegt, so ist es doch unabdingbar, die technische Machbarkeit so früh wie möglich zu überprüfen und bereits jetzt mit den ersten Schritten für eine spätere Umsetzung zu beginnen.

Die vorliegende Facharbeit von Herrn Baumgartner, die bereits einem breiten Fachpublikum vorgestellt und sogar mit einem Sonderpreis bei "jugend forscht" ausgezeichnet wurde, stellt einen hervorragenden Beitrag zur weiteren Entwicklung des Zukunftprojekts dar. Ein erster Baustein ist dabei die untersuchte Verbindung ‚Germering - Würmtal'. Aus meiner Sicht ist aber auch eine Weiterführung der Strecke bis zur Kreisstadt Fürstenfeldbruck nicht nur sinnvoll, sondern letztendlich sogar erforderlich.

Der Landkreis hat deshalb in dem von der Münchner Verkehrs- und Tarifverbund GmbH (MVV) geleiteten Lenkungskreis zur Stadt-Umland-Bahn die Untersuchung von weiteren Trassen beantragt, die neben Germering, Puchheim und Gröbenzell auch Fürstenfeldbruck und die Gemeinden Eichenau, Emmering und Olching an das Projekt anbinden. Damit könnte der mit derzeit ca. 150.000 Einwohnern dichtest besiedelte Landkreisteil an die Stadt-Umland-Bahn angeschlossen werden.

Im Namen des Landkreises Fürstenfeldbruck darf ich mich deshalb bei Herrn Baumgartner, der auch als Vertreter des Fahrgastverbandes PRO BAHN in allen Angelegenheiten des Öffentlichen Personennahverkehrs sehr engagiert mit uns zusammengearbeitet hat, recht herzlich für seinen wichtigen Beitrag zur Umsetzung einer Stadt-Umland-Bahn bedanken.

Fürstenfeldbruck, im August 2001

Thomas Karmasin, Landrat

Inhaltsverzeichnis

0   Vorwort

Ziel der Verkehrsplanung ist es vor allem, die *Verkehrsmobilität aller Bevölkerungsgruppen sicher zu stellen* und darüber hinaus *Verkehrsströme zu bündeln*. Weitere Kriterien wie Sicherheit, Effizienz und Ökologie werden durch Politik und Industrie sowie von Aufgabenträgern und Verkehrsunternehmen vorgegeben. Im Idealfall sind jeweils Quelle und Ziel der zu transportierenden Personen und Güter identisch. Doch in der Realität ist ein integrales Netz der verschiedenen Verkehrsträger gefragt, das sowohl schnelle und langsame als auch Verkehrsmittel mit hoher und mit niedriger Kapazität miteinander verknüpft. In einem monozentrischen Verdichtungsraum wie München sind neben radialen Schnellverbindungen auch leistungsfähige Tangentialen wichtig, um die Verkehrsstruktur innerhalb des suburbanen Raumes, also zwischen den Vororten, zu verbessern.

Diese Forschungsarbeit untersucht, ob ein Schienenverkehrsmittel für eine wichtige Tangentialverbindung in der Suburbia südwestlich von München – dem Würmtal – eine Chance hat. Auf der Referenzstrecke besteht bisher keine Direktverbindung im öffentlichen Verkehr (ÖV), obwohl der motorisierte Individualverkehr starke Verkehrsströme zu verzeichnen hat. Dabei soll sowohl eine Verkehrsverlagerung zu Gunsten des ÖV wie auch eine Senkung der "externen Kosten" erreicht werden. Diese Forschungsarbeit nimmt zwei ausgewählte Stadtbahnlinien von München über Planegg nach Germering aus technischer, baulicher, ökologischer, verkehrs- und siedlungsgeographischer Sicht unter die Lupe.

Ich hoffe, mit dieser Forschungsarbeit, die aus meiner Facharbeit im Leistungskurs Erdkunde hervorgeht, die verkehrspolitische Diskussion um eine tangentiale Stadtbahn im Verdichtungsraum München weiter anreichern und bewegen zu können. Aus diesem Grund präsentierte ich am 18. Januar 2001 die Ergebnisse der Facharbeit der Öffentlichkeit (siehe S. 52). Bei der gut besuchten Veranstaltung mit anschließender Diskussion waren auch hochrangige Vertreter aus Politik und dem Verkehrssektor anwesend. Sie stellten mir freundlicherweise ein großes Sortiment an Informationen für meine Facharbeit zur Verfügung. An dieser Stelle möchte ich mich bedanken bei dem Landkreis Fürstenfeldbruck, der Stadt Germering-Unterpfaffenhofen, den Gemeinden Neuried, Planegg und Eichenau sowie dem Planungsverband Äußerer Wirtschaftsraum München, dem Schienenfahrzeugkonzern Bombardier Transportation, dem Lehrstuhl für Verkehrs- und Stadtplanung der TU München, den Dresdner Verkehrsbetrieben, den Verkehrsbetrieben Karlsruhe, dem Münchner Verkehrs- und Tarifverbund, dem Fahrgastverband Pro Bahn und besonders bei meiner Leistungskurslehrerin Frau Lehmann-Heuschneider, die es mir ermöglichte, dieses Thema in meiner Facharbeit zu behandeln.

Mit dieser Broschüre will ich neben dem Fachpublikum und der Politik vor allem auch interessierte Bürger erreichen, die eine übersichtliche Behandlung dieses Themas wünschen. So werden Sie auch einige Elemente finden, die sich auf ähnliche Konzepte in anderen Regionen übertragen lassen.

Stefan Baumgartner, im Sommer 2001

1. Verkehrssystem Stadtbahn

1.1 Definition Stadtbahn

Der Transport von Personen, auf dem die Fragestellung einer tangentialen Stadtbahn beruht, wird mit Hilfe der Organisationsformen des Verkehrs übergeordnet unterteilt:

<u>Individualverkehr (IV)</u>: Dort wird zwischen dem nicht-motorisierten IV (NIV: Fußgänger, Radfahrer etc.) und dem motorisierten IV (MIV: Motorrad, Pkw, Lkw etc.) unterschieden.

<u>Öffentlicher Verkehr (ÖV)</u>: Hier wird zwischen dem öffentlichen Personenfernverkehr (ÖPFV), auf den wegen der lokalen Begrenzung dieser Forschungsarbeit nicht näher eingegangen wird, und dem öffentlichen Personennahverkehr (ÖPNV) unterschieden. ÖPNV findet gewöhnlich auf der Schiene (Schienenpersonennahverkehr = SPNV) sowie auf der Straße (Bus, Taxi etc.) statt:

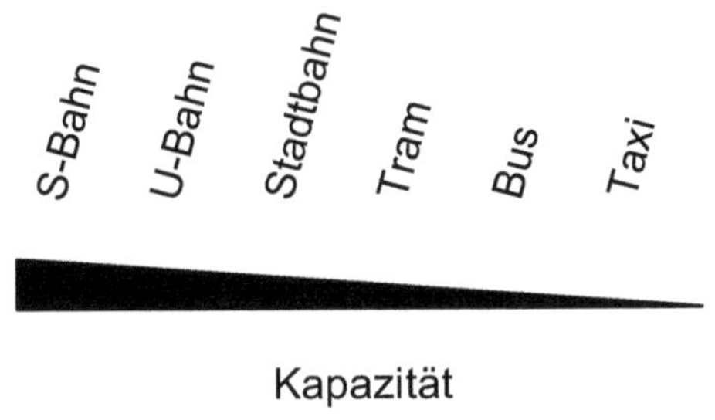

Abbildung 1:   ÖPNV-Verkehrsmittel – gestaffelt nach durchschnittlicher Kapazität

Je nach Verkehrsbedürfnissen und Rahmenbedingungen gibt es gerade in Deutschland zahlreiche Mischformen und Abänderungen. Zu nennen sind hier stellvertretend Karlsruhe (Tram+Stadtbahn+S-Bahn), Stuttgart (Stadtbahn+U-Bahn), Oberhausen (Tram+Stadtbahn) und Essen (Bus+Tram → "Spurbus") als Mischformen im SPNV sowie das Anrufsammeltaxi (AST) als Abänderung des Taxis. Dadurch entstehen auch neue Begriffe (wie zum Beispiel "U-Stadtbahn" in Stuttgart). Im Gegensatz zum AST wird der reine Taxiverkehr wegen dessen extrem individueller Betriebsform hier nicht weiter behandelt.

Was aber sind die charakteristischen Elemente einer Stadtbahn?

Die Grenzen zwischen Stadtbahn und Tram sind weitgehend fließend. Weitere Mischformen – wie oben erläutert – verwischen zudem die Grenzen zur klassischen U-Bahn (Metro) sowie zur klassischen Eisenbahn. Letztere wird in Deutschland nach der "Eisenbahn Bau- und Betriebsordnung" (EBO) betrieben. Im Allgemeinen sind folgende Kriterien (deutschen) Stadtbahnsystemen [A] zuzuschreiben, wobei nicht alle Eigenschaften erfüllt sein müssen:

[A] Ursprünglich wurden mit "Stadtbahn" innerstädtische Verbindungsbahnen der klassischen Eisenbahn bzw. der S-Bahn bezeichnet wie beispielsweise in Berlin. In Wien ähneln die ehemaligen Stadtbahn-strecken eher den heutigen Stadtbahnsystemen, wobei manche zu klassischen Metrostrecken wurden.

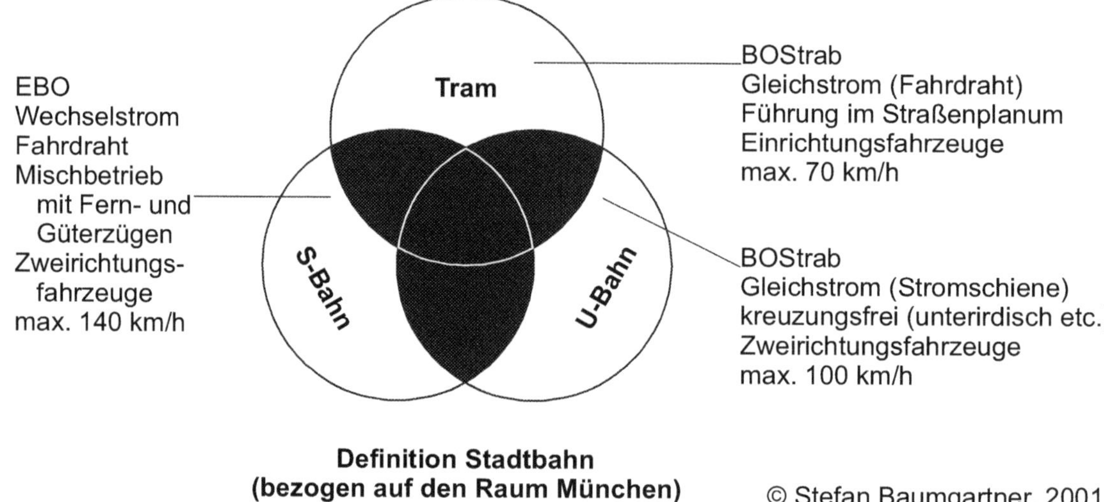

Abbildung 2:   Eigenschaften der Stadtbahn

Daraus ergibt sich für Stadtbahnen folgendes Bild:

- billiger und flexibler als U-Bahnen (höhere Haltestellendichte, kleinere Fahrzeuge)

- schneller und flexibler als Trams (Infrastruktur)

- Verbindungs- und/oder Erschließungsfunktionen je nach ÖPNV-Struktur

- unabhängig vom MIV soweit möglich

- möglicher Mischbetrieb mit Tram, U-Bahn, S-Bahn und/oder (klassischer) Eisenbahn

- Güterverkehr auf Stadtbahnstrecken soweit sinnvoll

In Abhängigkeit von den gewünschten Anforderungen (Verkehrsaufgabe, Komfort, Kosten, Synergieeffekte bei der Infrastruktur etc.) an eine Stadtbahn und den Rahmenbedingungen (Siedlungsstruktur, vorhandene Infrastruktur etc.) wird ein Stadtbahnsystem mit den jeweiligen Komponenten (siehe Auflistung oben) ausgestattet.

Foto links: Tram & Stadtbahn in der Karlsruher Fußgängerzone (!) (© Stefan Baumgartner)
Foto rechts: Karlsruher Stadtbahn auf Eisenbahngleisen in Bretten (© Stefan Baumgartner)

1.2 Beispiele aus anderen Regionen

Viele dieser Synergieeffekte nutzt die Mittelstadt Karlsruhe, weshalb sie nicht nur in Fachkreisen bereits als "Mekka des Nahverkehrs" gilt: Dort ist die erfolgreiche Verknüpfung von Tram und S-Bahn mit Hilfe neu entwickelter Zweisystem-Stadtbahnfahrzeuge hervorzuheben, die sowohl unter Gleichstrom (zum Beispiel als Tram in der zentralen Fußgängerzone) als auch unter Wechselstrom (als S-Bahn auf Gleisen der Deutschen Bahn AG (DB)) verkehren können. Dafür wurden mehrere Systemwechselstellen mit kurzen stromlosen Abschnitten errichtet, die die Stadtbahnen in voller Fahrt passieren. Als erste Linie mit dieser neuartigen Technologie ging 1992 die heutige S4 von Karlsruhe nach Bretten in Betrieb (ex-Linie "B"), die dadurch eine Vervielfachung der Fahrgastzahlen verzeichnen konnte. Seit Juli 2001 erreicht die S4 sogar die Heilbronner Fußgängerzone. Doch auch schon davor befuhren im Raum Karlsruhe Stadtbahnen Strecken klassischer Eisenbahnen: Seit Mitte der sechziger Jahre benutzt die normalspurige Tram (heute: Stadtbahnlinien S1 und S11) die ehemaligen Meterspurstrecken der Albtalbahn von Bad Herrenalb und Ittersbach in die Karlsruher Innenstadt. Durch den immensen Erfolg des "Karlsruher Modells", das sich durch die drei Säulen "Zweisystem-Fahrzeug", "bauliche Verknüpfung von Eisenbahn und Tram" sowie "Bau neuer Haltestellen bei gleicher Fahrzeit durch höhere Beschleunigung" definiert, hat sich dieses als Selbstläufer herausgebildet. [1] [2]

Im September 2000 wurde ein wahres Glanzstück suburbaner Stadtbahnstrecke eröffnet: Die Stuttgarter Linien U7 und U8 nach Ostfildern vereinigen einen vollständig seperaten Gleiskörper (überwiegend als Rasengleis), konsequente Ampelvorrangschaltungen, eigene Stadtbahnsteige, Ausrüstung aller Haltepunkte mit elektronischer Zugzielanzeige und vieles mehr miteinander. Mit derartigen Stadtbahnstrecken kann die Region München bisher (noch) nicht mithalten – ein Blick über den Tellerrand lohnt sich deshalb auf alle Fälle...

Foto links: Stadtbahnknoten "Albtalbahnhof" in Karlsruhe (© Stefan Baumgartner)
Foto rechts: Stadtbahn auf Rasengleisen in Ostfildern bei Stuttgart (© Stefan Baumgartner)

2. Siedlungs- und Verkehrsstruktur im Untersuchungsraum

2.1 Suburbaner Raum südwestlich von München

Die bayerische Landeshauptstadt München (LH München) ist spätestens seit dem Eisenbahnbau Mitte des 19. Jahrhunderts mit Hilfe der radialen Hauptverkehrsachsen zu einem Oberzentrum Bayerns geworden. München dehnte sich aus, umliegende Dörfer wie Pasing wurden eingemeindet, weitere Vororte in größerer Entfernung von der Innenstadt entstanden. Obwohl bereits im Jahre 1854 die Bahnlinie München – Planegg – Gauting in zwei Abschnitten eröffnet wurde [3], erreichte der Siedlungsboom die heutigen Vororte erst mit Einführung des S-Bahnsystems 1972, das erstmals die Münchner Innenstadt auch mit diesen Siedlungen direkt verband. Inzwischen ist das sogenannte "Würmtal", das in dieser Forschungsarbeit auf die Gemeinden Gräfelfing, Krailling, Neuried und Planegg [B] begrenzt wird, ein verstädterter Raum südwestlich von München – eine Suburbia. Einerseits könnte man Neuried für einem Münchner Stadtrandbezirk halten, andererseits sind die Siedlungen entlang der Würm schon mit den Münchner Stadtteilen Neuaubing und Pasing zu einem Siedlungsband ohne nennenswerte Zwischenräume verwoben [4]. Die Siedlung Martinsried (zu Planegg) fungiert als Bindeglied zwischen dem genannten Siedlungsband entlang der S-Bahnlinie S6 und dem Münchner Stadtrandteil Großhadern. Obwohl die 36.000-Einwohner-Stadt Germering-Unterpfaffenhofen [5] nordwestlich von Planegg, durch den Kreuzlinger Forst vom Würmtal abgetrennt, noch klare Siedlungsgrenzen aufweist, wird das geplante Neubaugebiet München-Freiham langfristig auch die Stadt Germering mit der Landeshauptstadt zu einem Siedlungsband verknüpfen.

Im Untersuchungsbereich (Würmtal und Germering) befinden sich größtenteils Wohngebiete. Einzelne Gewerbegebiete sind an verschiedenen Hauptverkehrsstraßen zu finden, Läden mit Gütern für den kurz- und mittelfristigen Bedarf überwiegend in den Ortskernen. Die hohe Zahl von Auspendlern (mehrheitlich nach München) wirkt sich negativ auf Versuche zur Belebung der kommunalen Haupteinkaufszonen aus, denn seit Einführung der S-Bahn wuchs auch die Zahl der Tagespendler nach München kräftig an, was bereits die prognostizierten und tatsächlich erreichten Fahrgastzahlen im gesamten Netz 1972/1973 verdeutlichen [6]. Dadurch stieg zwar einerseits die Attraktivität der Vororte, die im "Grünen" liegend eine gute Erreichbarkeit per Bahn wie auch per Straße aufweisen, an. Andererseits wuchs damit auch die Attraktivität der Münchner Fußgängerzone im Einkaufsverkehr, womit zusätzlicher Verkehr erzeugt wurde. Die hohen Mieten und Grundstückspreise erzwangen besonders in den 1970er Jahren eine Stadtflucht aus München in die Vororte, später eine Zersiedlung. Infolgedessen entstanden und wuchsen die Siedlungsbänder entlang den Hauptverkehrsachsen. Aber auch die Bevölkerungsdichte zwischen diesen Achsen nimmt seitdem stetig zu. Inzwischen wohnen im Umlandbereich München 595.084 Menschen - halb so viel wie in München selbst [7]. Am 31.12.1997 zählten die vier "Würmtalgemeinden" 37.323 Einwohner.

[B] Zur Unterscheidung der "Gemeinde Planegg" vom gleichnamigen Ortsteil wird in dieser Forschungsarbeit bei Nennung des Gemeindegebiets der Begriff "Gemeinde Planegg" verwendet. Die "Gemeinde Planegg" besteht aus den zwei Ortsteilen "Planegg" und "Martinsried".

2.2. Verkehrsnetz und dessen Auslastung

2.2.1 Radial ausgerichtetes ÖPNV-Netz

Doch einer derartigen Siedlungsentwicklung ist das für den Ballungsraum München favorisierte radiale Netz der öffentlichen Verkehrsmittel nicht gewachsen: Alle bedeutenden S-Bahn-, U-Bahn- und Tramstrecken treffen sich derzeit in der Kernstadt. Es müssten dort viele Kunden des öffentlichen Personennahverkehrs (ÖPNV) umsteigen, deren Quelle und Ziel außerhalb der Innenstadt liegen, gäbe es nicht leistungsfähige Tangentialverbindungen. Bisher sind das jedoch größtenteils Tram- und Buslinien innerhalb Münchens. Benutzer des ÖPNV zwischen zwei nicht auf einer S-Bahnlinie liegenden suburbanen Nachbarorten sind weiterhin gezwungen, über München zu fahren, solange keine attraktive Querverbindung – zur Zeit allenfalls Buslinien – vorhanden ist. Tangentialverbindungen entlasten zudem die vor dem Verkehrsinfarkt stehenden Radialen und verbessern gleichzeitig die Netzwirkung in den Vororten, die dann zu Knoten eines annähernden Ring-Radialen-Systems werden [8]. Allerdings ist es wegen der relativ geringen Bevölkerungsdichte beispielsweise entlang der Autobahn A8-West fraglich, ob im Münchner Umland ein geschlossener Ring eines Schienenverkehrsmittels sinnvoll ist. (siehe auch Grafik S. 43)

Die bereits erwähnte Bahnlinie München – Tutzing (– Garmisch-Partenkirchen bzw. Kochel) verläuft in Nord-Süd-Richtung durch die Gemeinden Gräfelfing, Planegg und Krailling parallel zur Würm, wobei die S-Bahnlinie S6 (Westast) Tutzing – München das gesamte Siedlungsband gut anbindet. Bis auf die S6 und die an der Stadtgrenze endenden U-Bahnlinien (U3 Fürstenried West, U6 Klinikum Großhadern) sind bis heute keine weiteren Schienenverkehrsmittel im Würmtal vorhanden. Doch bereits mehrfach tauchten Vorschläge für S-Bahnstrecken von Gauting über Hadern in die Kernstadt (Th. Lechner, 1900; Deutsche Reichsbahn, 1938-1945) [9] sowie für U-Bahnstrecken von Fürstenried West über Neuried bzw. von Großhadern über Martinsried nach Planegg [10] auf. Die U-Bahn nach Martinsried befindet sich derzeit in Untersuchung [11].

Eine "klassische" U-Bahn zeichnet sich durch eine hohe Fahrgastkapazität, eine vollständig separate Trasse, eine hohe Beschleunigung und eine hohe Reisegeschwindigkeit im städtischen ÖPNV aus. Doch ist diese mit ihrem großen baulichen und betrieblichen Aufwand überhaupt für eine Suburbia vertretbar? Oder ist aber die Förderung anderer Verkehrsmittel im suburbanen Raum viel sinnvoller? Diese beiden Fragen bilden die Basis der aktuellen verkehrspolitischen Diskussion zur besseren Anbindung und Vernetzung der Gemeinden im Verdichtungsraum München.

2.2.2 Überlastetes Straßennetz

Werden jedoch die Siedlungen abseits der S-Bahnlinien nicht angemessen per ÖPNV erschlossen, so ist eine Verkehrsverlagerung vom ÖV auf den MIV zu befürchten – mit all seinen negativen Auswirkungen in den (sub-)urbanen Räumen [12]. Seit dem "dritten Reich" sich die Radialen, insbesondere die Autobahnen, und die Tangentialen (Autobahnring, Mittlerer Ring etc.) in Ausbau. Besonders in den ersten Jahrzehnten nach dem zweiten Weltkrieg verfolgte München zum Teil eine sogenannte "autogerechte" Stadt zu Ungunsten des Stadtbilds (breite asphaltierte und betonierte Flächen wie am Mittleren Ring) und der Ökologie (Emissionen und Flächenverbrauch). Eine Weiterverfolgung dieser Verkehrspolitik hätte sicherlich schwere negative Folgen auch für die Vororte gehabt, welche durch den großzügigen Ausbau des Straßennetzes im Gravitationszentrum des Verdichtungsraums München neuen Straßenverkehr und damit eine Verschlechterung der Lebensqualität zu erwarten hätten. Obwohl manche Projekte unterblieben, stieg die Belastung der Straßen im Würmtal auf ein gefährliches Maß nahe dem Verkehrsinfarkt.

Doch gerade in einem dichtbevölkerten Gebiet wie dem Ballungsraum München ist es wichtig, die Verkehrsströme so weit wie nur möglich zu bündeln – im Idealfall von der Quelle bis zum Ziel. Diese Aufgabe kann der motorisierte Individualverkehr in der Praxis kaum erfüllen. Hierfür ist ein durchdachtes Netz der öffentlichen Verkehrsmittel mit einem integralen Taktfahrplan [c] anzustreben.

---

[c] Integraler Taktfahrplan (ITF): Taktfahrplan auf allen Linien, wobei im Idealfall alle öffentlichen Verkehrsmittel zur gleichen Zeit im jeweiligen Verkehrsknoten eintreffen und kurz darauf wieder abfahren, so dass ein Umsteigen von jeder in jede Richtung mit minimalem Zeitverlust möglich ist.

3. Stadtbahnen im Würmtal

3.1. Interkommunaler öffentlicher Personennahverkehr

3.1.1 Szenario Germering – Planegg: Fahrgastaufkommen Stadtbahn

Zur Vollständigkeit wird auch auf das Fahrgastaufkommen der Stadtbahndirektverbindung Planegg – Germering eingegangen, zu der im Großen und Ganzen keine Alternative besteht. Eine Fahrgastprognose setzt jedoch eine umfangreiche Datenbasis in Form von Verkehrszellen voraus, die mir nicht zur Verfügung stand. Deshalb wird hier das in der MVV-Machbarkeitsstudie (siehe auch 7.1) prognostizierte Fahrgastaufkommen übernommen, (Querschnittsbelastung Germering – Planegg: 4.200 Personen je Werktag [13]). In der MVV-Studie wird auch eine Untergrenze von 3.000 Personenfahrten je Werktag und Stadtbahnstrecke genannt [14], was 3.231 Autofahrten entspricht [15]. Dabei werden unter den künftigen Stadtbahnfahrgästen nicht nur heutige Autonutzer zu finden sein: Neben den existierenden ÖPNV-Kunden, die heute noch mit der S-Bahn einen Umweg über München nehmen müssen, wird durch die neue Stadtbahndirektverbindung auch ÖPNV-Neuverkehr induziert. Dadurch wird sich der Modal-Split [D] im Bereich Germering – Würmtal zu Gunsten des ÖV weiter verbessern.

3.1.2 Verbesserungswürdige Korridore im Untersuchungsgebiet

Der Grundgedanke des Würmtalbuskonzepts in den 1990er Jahren war ein Liniennetz in Form eines Quadrats, wobei die Seiten und die Diagonalen die Hauptlinien bildeten:

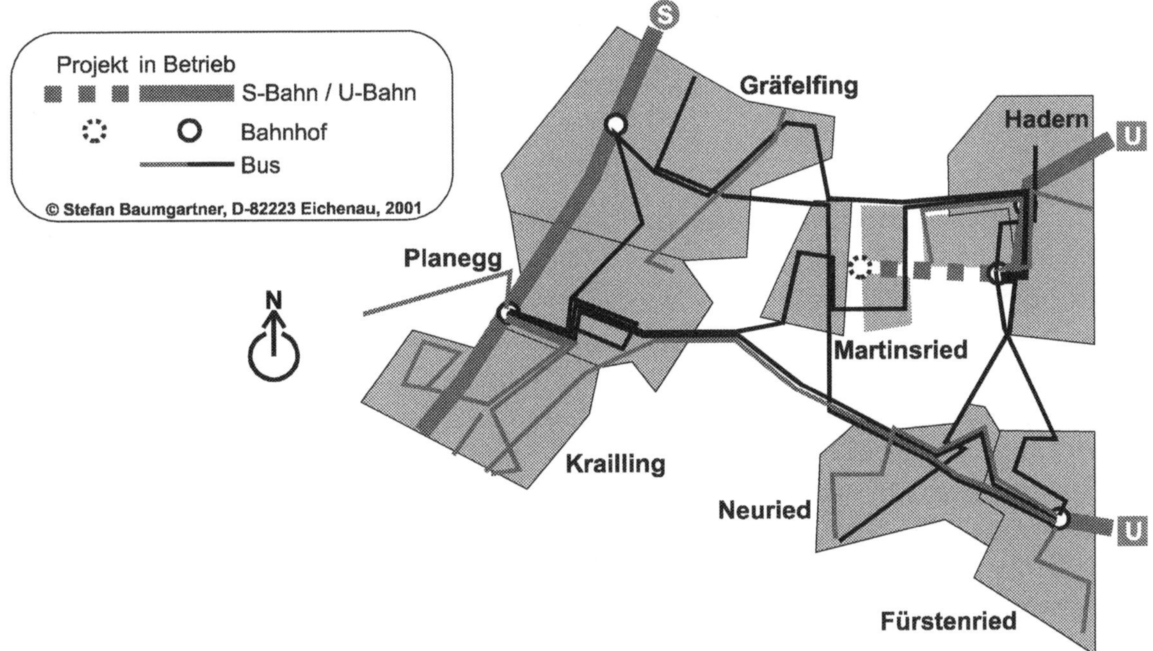

Abbildung 3:   Würmtalbuskonzept mit hervorgehobenen Hauptlinien (Stand: Juni 2001)

[D] Modal-Split: prozentuale Anteile des MIV, NIV und ÖV am Gesamtverkehrsaufkommen.

Die Hauptlinien (Verbindungsfunktion, Grobverteiler) und die Nebenlinien (Erschließungs-funktion, Feinverteiler) bilden zusammen ein auf den Fahrgast abgestimmtes Busnetz, das wiederum an allen vier Ecken des Quadrats Anschluss zu Schnellbahnlinien (S6, U3, U6) zur Kernstadt aufweist [16], wobei sich die U-Bahnhöfe Fürstenried West und Klinikum Großhadern mit ihren Busbahnhöfen zu wichtigen Verkehrsknoten etabliert haben. Innerhalb des beschriebenen Vierecks verkehrt lediglich der Bus, im Westen wird das Quadrat durch die S6 lediglich tangiert. Auf dem Abschnitt Gräfelfing – Planegg übernimmt die S6 regionale Verbindungsaufgaben mit dem Landkreis Starnberg und der LH München. Für die überörtlichen Verkehrsbeziehungen innerhalb des Würmtals wird in dieser Arbeit ein leistungsfähiges Verkehrsmittel wie die Stadtbahn vorgeschlagen (siehe auch 3.1.1), deren mögliche Einsatzrouten hier kurz aufgelistet sind:

- ⊃ Gräfelfing – Großhadern

- ⊃ Gräfelfing – Martinsried – Neuried – Fürstenried West

- ⊃ Gräfelfing – Planegg (– Krailling)

- ⊃ Germering – Planegg – Martinsried – Großhadern

- ⊃ Germering – Planegg – Neuried – Fürstenried West

- ⊃ Großhadern - Fürstenried West

Diese Forschungsarbeit beschränkt sich jedoch auf das Streckennetz zwischen Germering und den Münchner Stadtteilen Fürstenried bzw. Großhadern. Den verbleibenden West-Ost-Relationen wird als vorläufiger westlicher Endpunkt der Bahnhof Planegg (S6) gesetzt, um von dort eine Verlängerung in die 36.000-Einwohner-Stadt Germering-Unterpfaffenhofen zu ermöglichen. Die südliche Route (über Neuried) wird mit T1, die nördliche (über Martinsried) wird mit T2 bezeichnet. [E]

3.2.   Trassierungsparameter der Stadtbahnstrecken T1 und T2

Um einerseits eine schnelle Verbindung von Germering über Planegg nach Fürstenried West zu erhalten (Konkurrenz zur Straße) und andererseits auch das Universitäts- und Forschungsgelände zwischen dem Klinikum Großhadern und Martinsried anzubinden, ist eine *Realisierung von T1 und T2 zu empfehlen*. Eine Verlängerung der Stadtbahnlinie T2 von Großhadern nach Fürstenried West (U3) stellt zudem im Primärnetz eine schnelle Verbindung von Martinsried und Großhadern beispielsweise zum Tierpark Hellabrunn (bedeutende Naherholungsfunktion) und zum großen Arbeitgeber Siemens in München-Sendling her. T1 orientiert sich am Verlauf von wichtigen Hauptstraßen (M21 und St2344) als bestehende Verkehrsachsen. Zudem sollte die Stadtbahn als Verkehrsmittel des Primärnetzes (siehe 4.1.1) Umwege vermeiden. Dennoch kann es sinnvoll sein, Verschwenkungen zur Anbindung von Knotenpunkten des ÖPNV (zum Beispiel S-Bahnhof

---

[E] Um die Stadtbahn besser zu vermarkten, wird vorgeschlagen, diese analog zu S-/U-Bahn zum Beispiel mit einem "T" zu versehen – also T1, T2 etc.. (T = Tram, Tangente, Tangentialbahn, tangentiale Stadtbahn)

Planegg) sowie gesellschaftlicher und ökonomischer Zentren (beispielsweise Forschungsgelände Großhadern / Martinsried), vorzunehmen. In der Regel ist diese längere Fahrstrecke mit einer Fahrzeitsteigerung verbunden. Die Haltestellenabstände sollten innerhalb bebauter Flächen zwischen 400 m und 600 m liegen, weil einerseits ein fußläufiger Einzugsbereich der Stationen von 250 m (Radius) angenommen wird, andererseits die Reisegeschwindigkeit durch weitere Haltestellen nicht unnötig gedrückt werden sollte. [17]

Foto links: Bahnübergang einer Kölner Stadtbahnstrecke (© Stefan Baumgartner)
Foto rechts: Stadtbahnhaltestelle in Frechen bei Köln (© Stefan Baumgartner)

Im Straßenverlauf ist der Stadtbahn weitestgehend Priorität einzuräumen (seperate Trasse, großzügige Haltestelleninseln oder dynamische Haltestellen [F], Ampelvorrangschaltungen zur Beschleunigung des Betriebsablaufs), um schon zu Beginn des Stadtbahnzeitalters im Raum München dessen hohe Attraktivität sicherzustellen. Wegen des zu erwartenden relativ hohen Verkehrsaufkommens ($\Rightarrow$ hohe Zugfrequenz, kurze Taktintervalle) wird in dieser Forschungsarbeit grundsätzlich von zweigleisigen Strecken ausgegangen. Selbst bei kurzen eingleisigen Abschnitten besteht bei Zugverspätungen die Gefahr des "Domino-Effekts", der zur Zeit beispielsweise bei der Münchner S-Bahn zu beobachten ist. Im Übrigen ist darauf hinzuweisen, dass eingleisige Abschnitte in der Regel aufgrund des hohen Fixkostenanteils (zum Beispiel für Signale) ein deutlich schlechteres Preis-Leistungs-Verhältnis aufweisen, weil die Investitionsaufwendungen deutlich mehr als die Hälfte zweigleisiger Strecken betragen und die Kapazität deutlich geringer als die Hälfte eines Doppelspurabschnitts ist. Diese einen flexiblem Betrieb behindernden Streckenelemente sind in die Planung der Gesamtstrecke miteinzubeziehen, da sie Zwangspunkte in der Fahrplangestaltung darstellen. Es ist des weiteren anzustreben, den Anteil seperater Stadtbahntrassen zu maximieren, um dieses Verkehrsmittel bestmöglichst zu beschleunigen, was sich vor allem außerorts anbietet, und die Abhängigkeit vom MIV zu minimieren. Im Gegensatz zur EBO erlaubt die BOStrab auch bei neuen Schienenstrecken mit hoher Zugfrequenz niveaugleiche Kreuzungen mit Straßen, Rad- und Fußwegen. Dabei

---

[F] Bei "dynamischen Haltestellen" ist in der Regel kein Bahnsteig vorhanden, weil die Tram bzw. die Stadtbahn im Straßenraum hält. Somit muss beim Aus- und Einsteigen IV-Spuren gequert werden. Um die Sicherheit der Fahrgäste zu gewährleisten, wird der nachkommende Straßenverkehr per Lichtsignalanlage während des Halts des Schienenfahrzeugs gestoppt. Auf einigen beschleunigten Tramstrecken Münchens wie zum Beispiel Hauptbahnhof – Romanplatz (Linie 17/16-West) sind die dynamischen Haltestellen bereits zuverlässig in Betrieb.

ist auf eine angemessene Sicherung der Bahnübergänge im Rahmen der Unfallprävention zu achten. Dies gilt in bestimmten Aspekten auch für die Mitbenutzung der Stadtbahntrasse durch andere Verkehrsteilnehmer.

3.2.1 Abschnitt A: Fürstenried West – Neuried / Martinsried – Planegg

Am Verkehrsknoten Fürstenried West (U3) wendet die Stadtbahn oberirdisch im Bereich des Busbahnhofs, um die Umsteigewege zu minimeren. Eine provisorische Weiterführung in Richtung Solln kann vorerst zum Hinterstellen von Stadtbahnzügen genutzt werden.

Im ersten Streckenabschnitt bis zum Feodor-Lynen-Gymnasium am östlichen Siedlungsrand von Planegg verlaufen T1 bzw. T2 als Varianten A1 bzw. A2 getrennt:

(1) Variante A1:

Fürstenried West – Neuried – Planegg (direkte Führung)
(Buslinie 260; Stand: Juni 2001)

Eine Führung entlang der Staatsstraße St2344 entspricht der Forderung nach direkten Streckenführungen und damit der Funktion des Primärnetzes. Das erste Streckensegment bis zur westlichen Ortsgrenze Neurieds legt die Stadtbahn auf separater Trasse in Straßenmitte zurück. Dabei ermöglichen Zweirichtungsfahrzeuge wegen der beidseitigen Anordnung der Türen Mittelbahnsteige, so dass pro Station lediglich eine Haltestelleninsel (für beide Richtungen gemeinsam) errichtet wird [G]. Den sicheren Überweg von den Gehsteigen zur Haltestelle ermöglichen Fußgängerampeln. Allerdings ist es auch denkbar, die beiden äußeren Fahrspuren dem ÖPNV (Stadtbahn und Bus) zu reservieren, um die Haltestellen in die Gehwege zu integrieren (siehe auch Grafik S. 44). Im weiteren Verlauf ist zwischen Neuried und Planegg außerhalb von Siedlungen ein eigener Fahrweg anzustreben, wobei notwendige Querungen von stark befahrenen Straßen (zum Beispiel St2344) niveaufrei ausgeführt werden sollten. An allen weiteren Kreuzungen mit Straßen sind Bahnübergänge einzurichten.

(2) Variante A2:

Fürstenried West – Klinikum Großhadern – Martinsried – Planegg
(Buslinien 266 und 34 (Süd); Stand: Juni 2001)

Die zweite Variante (Linie T2) verbindet die Verkehrsknoten Planegg (S6), Martinsried, Klinikum Großhadern (U6) und Fürstenried West (U3) mit dem Universitäts- und Forschungsgelände Großhadern / Martinsried und der Fürstenrieder Hochhaussiedlung an der Appenzeller Straße. Damit nimmt sie zwar im Vergleich zu A1 (T1) einen größeren Umweg, doch fasst sie die Orte mit hohem Fahrgastpotential in diesem Korridor wie auf einer Perlenschnur zusammen.

[G] Bei einem Mittelbahnsteig ist anzustreben, dass das Gleis im Haltestellenbereich nicht im Straßenplanum verläuft, da sonst wartende Fahrgäste durch MIV-Abgase gesundheitlich gefährdet wären.

Im Abschnitt Fürstenried West – Klinikum Großhadern orientiert sich die Stadtbahn an der Buslinie 34 (Hauptverkehrszeit: 10-Minuten-Takt mit Gelenkbussen). Auf direkter Trassenführung (Graubündener Straße, Tischlerstraße; westlich der Sauerbruchstraße auf eigenem Bahnkörper) erreicht A2 den Busbahnhof Klinikum Großhadern, der an seinem südöstlichem Ende berührt wird. Dort wird zur Reduzierung möglicher Wendezeiten, beispielsweise für Verstärkerfahrten, eine Wendeschleife errichtet. Bis zum U-Bahnhof Großhadern fährt die Stadtbahn zum Teil auf einer breiten ungenutzten Fahrbahn. Am Südausgang dieser U-Bahnstation, welche zur Vermeidung von Umwegen zwischen der Kernstadt und den Forschungseinrichtungen angebunden wird, schwenkt die Stadtbahn in die Marchioninistraße ein. Dieser wird westwärts bis an die Stadtgrenze und damit dem östlichen Ende des neuen Martinsrieder Campus gefolgt, so dass auch das Forschungsgelände nördlich des Klinikums optimal per SPNV erschlossen wird. Auf die Streckenführung im Bereich Martinsried (Ortskern, Campus) wird in 6.2 näher eingegangen. Im Hinblick auf eine gute Anbindung des südlichen Martinsrieds (Hochhaussiedlung) ist eine Stadtbahn durch die Einsteinstraße empfehlenswert. Wird diese für den MIV nordwärts gesperrt, so kann mindestens ein Gleis auf eigener Trasse (Rasengleis) geführt werden. Zwischen Martinsried und Planegg fährt die Stadtbahn auf besonderem Bahnkörper nördlich der Münchener Str..

A1 (T1) und A2 (T2) treffen sich wieder am Feodor-Lynen-Gymnasium, welches zusammen mit den anliegenden Sportanlagen von interkommunaler Bedeutung ist und deswegen möglichst viele Direktverbindungen in alle Richtungen haben sollte.

3.2.2   Abschnitt B: Siedlung Planegg

Direkt südlich des Gymnasiums, das von allen Linien erreicht wird, muss eine großzügig angelegte Stadtbahnhaltestelle gebaut werden, um in den Spitzenstunden des Schülerverkehrs (vor 8 Uhr, nach 13 Uhr) einen reibungslosen Betriebsablauf gewährleisten zu können, ohne dass sich Fahrgäste gegenseitig blockieren. Deswegen sind Zugänge ohne niveaugleiche Querung der Stadtbahngleise dafür ebenso unerlässlich wie breite Seitenbahnsteige mit einem großzügig überdachten Wartebereich. Der Parkplatz östlich der neuen Haltestelle kann, wenn nötig, nach Norden verschoben werden. Die Stadtbahn mündet an der Ecke St2344 / Richard-Wagner-Straße in die Münchener Straße (St2344). Innerhalb Planeggs stehen drei Varianten zur Auswahl, wobei die Ziele "Verknüpfung von Stadtbahn mit anderen Schienenverkehrsmitteln", "Anbindung des Ortskerns mit der Haupteinkaufsstraße (Bahnhofstraße)" sowie "schlanke Kurven" anzustreben sind:

(1) Variante B1:

Streckenführung Münchener Straße / Bahnhofstraße

Aus den soeben formulierten Zielen ergibt sich eine Route entlang der Münchner Straße bis zur Einmündung der Bahnhofstraße. Nach einer schlanken Kurve wird der Bahnhofstraße bis zum Bahnhof Planegg gefolgt. Zwischen der Würm und dem Bahnhof befindet sich das Ortszentrum. Die Bahnhofsstraße als Haupteinkaufszone Planeggs könnte in eine Fußgängerzone umgewandelt werden (siehe auch 5.3). Etwa

200 m südlich der Bahnhofstraße beginnt bereits Krailling, so dass deren nördlich der Albrecht-Dürer-Straße wohnende Bürger ebenfalls von der Stadtbahn direkt profitieren könnten. Nachteilig auf das zu erschließende Fahrgastpotential wirkt sich allerdings die Lage am Ortsrand östlich der Würm aus.

(2) Variante B2:

Streckenführung Germeringer Straße / Bahnhofstraße

Um einerseits die östliche Hälfte Planeggs und andererseits die Bahnhofsstraße (Ortskern) optimal anzubinden (Varianten B3-Ost und B1-West), ist ein Wechsel zwischen B3-Ost und B1-West in Höhe der Würm erforderlich, der entweder über die Pasinger Str. oder die schmälere Bräuhausstr. vollzogen wird. Dabei muss je zweimal eine scharfe Kurve durchfahren werden. An der Kreuzung Bräuhausstr. / Bahnhofstr. bietet sich zudem eine Umgestaltung des Platzes vor der St.-Elisabeth-Kirche an.

(3) Variante B3:

Streckenführung Germeringer Straße / Kreuzwinkelstraße

Dagegen führt die kurvenarme, jedoch stark befahrene Germeringer Straße mitten durch Planegg. Dieser gestreckte Trassenverlauf bei der Durchquerung Planeggs verhindert jedoch die direkte Anbindung der Haupteinkaufsstraße. Der Bahnhof Planegg wird über die Kreuzwinkelstr. westlich der Bahngleise erreicht. Anstatt eines bei B1 und B2 erforderlichen Tunnelbauwerks unter dem Bahnhof Planegg wird die bestehende Straßenunterführung der M21 zur Querung der viergleisigen Bahntrasse mitbenutzt.

Foto links: Stadtbahn in der Frechener Fußgängerzone (!) (© Stefan Baumgartner)
Foto rechts: Stadtbahn in Linkenheim (Karlsruhe) (siehe auch 5.3) (© Stefan Baumgartner)

Bei B1, B2 und B3 ist auf jeden Fall zu prüfen, ob die jeweilige Würmbrücke dem Volllastgewicht eines Stadtbahnzuges standhält oder möglicherweise weitere unvermeidbare Investitionskosten entstehen. Darüber hinaus ist bei den Varianten B1 und B2 ein Stadtbahntunnel unter dem Bahnhof Planegg unvermeidbar, weil sich beide Schienenwege im rechten Winkel treffen. Eine niveaugleiche Kreuzung ist aufgrund der starken Belastung der Bahnstrecke München – Gauting sowie existierender Höhenunterschiede zu vermeiden. Je nach finanziellem Spielraum könnte dieser Tunnel auch eingleisig ausgeführt werden. Um die Umsteigewege zur S6 zu minimieren, sollte der Bahnsteig der Stadtbahn im Tunnel mit direktem Zugang zum S-Bahnsteig angeordnet werden. Diese Stadtbahnhaltestelle sollte im Bahnsteigbereich mindestens zweigleisig ausgeführt werden, da sie als Verkehrs-knoten fungiert. Eine Zusammenfassung aller drei Varianten liefert folgende Tabelle:

Variante	B1	B2 (favorisiert)	B3
Streckenführung	Münchener Str. Bahnhofstr.	Germeringer Str. Bahnhofstr.	Germeringer Str. Kreuzwinkelstr.
Haupteinkaufszone	ja	ja	nein
Lage rechts der Würm	Randlage (schlecht)	Mittellage (gut)	Mittellage (gut)
eingleisige Führung	nein	teilweise	nein
kleine Radien	nein	ja	nein
Tunnel unter Bahnhof	ja	ja	nein

Abbildung 4:   Varianten B1, B2, B3 (zu B1 und B2: siehe auch Grafik S. 45)

In Bezug auf die attraktiven Direktverbindungen per Stadtbahn vom S-Bahnhof Planegg zum Campus Martinsried, zu den südwestlichen Stadtteilen Münchens sowie in den Landkreis Fürstenfeldbruck gewinnt diese künftige Umsteigestation zusätzlich an Bedeutung. Deswegen wird die Einrichtung mindestens stündlicher Halte der Regionalzüge der Strecken München – Weilheim (– Garmisch-Partenkirchen) und München – Kochel in Planegg empfohlen, wofür neue Bahnsteiganlagen zu bauen sind.

3.2.3   Abschnitt C: Kreuzlinger Forst (Planegg – Germering)

Anschließend durchquert die Stadtbahn auf direktem Weg den Kreuzlinger Forst in Richtung Germering-Unterpfaffenhofen, wobei ein eigener Bahnkörper südlich der Kreisstraße M21 gebaut werden sollte, um die Abhängigkeit vom MIV zu minimieren. Nachdem die Landkreisgrenze München / Fürstenfeldbruck passiert ist, wird die Autobahn A96 gequert. Im Bereich der Anschlussstelle Unterpfaffenhofen wird aufgrund der Topographie die bestehende Straßenunterführung oder eine neue Brücke westlich davon benutzt. Weitere Kreuzungen der Stadtbahnstrecke mit Straßen sind niveaugleich auszuführen, um deren Bau- und Unterhaltskosten zu minimieren.

Nördlich der A96 trifft die zweigleisige Stadtbahn auf das private eingleisige Anschlussgleis der IVG, das von München-Freiham zum Tanklager im Kreuzlinger Forst führt. Am Treffpunkt beider Trassen wird eine niveaugleiche Gleiskreuzung inklusive einer betrieb-lichen Verknüpfung beider Trassen errichtet. Durch diesen Anschluss des Stadtbahnnetzes an die DB-Gleise ist eine Mitnutzung der im Jahr 2001 stilllegungsgefährdeten DB-Werkstätten im Raum Pasing / Neuaubing möglich, was den Bau einer eigenen ersparen würde (siehe 7.1). Der Wechsel zwischen den beiden Stromsystemen (Stadtbahn / DB) sollte auf dem zu elektrifizierenden Industriegleis noch vor Freiham (Abzweigung des Anschlussgleises von der S-Bahnstrecke München – Herrsching) erfolgen, die Schnittstelle BOStrab / EBO muss dagegen zwischen beiden Trassen neben der Gleiskreuzung liegen.

3.2.4   Abschnitt D: Stadtgebiet Germering-Unterpfaffenhofen

In der Stadt Germering-Unterpfaffenhofen sind südlich der S-Bahnstrecke von München nach Herrsching (S5) zwei Streckenvarianten denkbar, um einerseits S-Bahnhof, Stadthalle sowie den sogenannten "kleinen Stachus" optimal anzubinden, andererseits dennoch eine möglichst gestreckte Trassenführung zwischen Germering und Planegg zu gewährleisten. Zu letzterem bietet sich der Korridor zwischen Planegger Straße und Otto-Wagner-Straße an (Bus 853; Stand: Juni 2001). Der "kleine Stachus" als Treffpunkt von sechs Straßen im Ortskern Unterpfaffenhofens wird zur Zeit überplant, die vorgeschlagenen Streckenführungen sind bereits der neuen angepeilten Situation angepasst.

Variante D1 gewährleistet alle genannten Ziele, weil sie auf direktem Weg Germering über die Planegger Straße ins Würmtal verlässt. Allerdings kann es Konflikte in Bezug auf die Querung des "kleinen Stachus" sowie der Straßenbreite geben. Die Otto-Wagner-Straße dagegen ist nicht nur breiter, sondern beherbergt auch die Funktion als Haupteinkaufsstraße Unterpfaffenhofens [18] (*Variante D2*). Diese wird vom Kreuzlinger Forst aus auf separater Trasse zwischen A96 und Riegerstraße erreicht, wobei der Waldfriedhof auch nordöstlich umfahren werden kann, was zu einer verbesserten Anbindung des Wohngebiets am Birkenweg und darüber hinaus führen würde.

Am "kleinen Stachus" wird eine Plazierung der Haltestellen südlich der großen Straßenkreuzung vorgeschlagen, um einen angemessenen Stationsabstand zur Endhaltestelle vor der Stadthalle einzuhalten. Diese zentrale Haltestelle im Stadtkern Germerings sollte die Fußwege zu den S-Bahnsteigen bzw. den Bushaltestellen minimieren. Eine Lage der Stadtbahnhaltestelle in der Unterführung würde zwar den direkten Zugang zur S-Bahn ermöglichen, doch können hier bauliche und topographische Probleme auftreten. Nach den bisherigen Untersuchungen müsse die Unterführung abgesenkt werden, um die Stadtbahn aufnehmen zu können. Der Alternativvorschlag, die Stadtbahn über die vierspurige Schnellstraße und anschließend nördlich der S-Bahn zur Stadthalle zu fahren, ist allenfalls eine Notlösung, da dabei der Ortskern Unterpfaffenhofen ausgelassen würde.

Die Haltestelle vor der Stadthalle ist zugleich provisorische Endstation, weil eine Weiterführung in Richtung Puchheim und darüber hinaus von politischer Seite gewünscht wird (siehe 7.1 und 8). Dabei sollte die zweigleisige Stadtbahntrasse auf eigenem Fahrweg entweder in Straßenmitte oder auf dem Vorplatz der Stadthalle Platz finden.

3.2.5 Pilotprojekt: Stadtbahn mit Brennstoffzellenantrieb

In die detaillierte Planung der Stadtbahntrassen fließen bei einem elektrischen Betrieb mit Fahrdraht auch die Standorte der hierfür nötigen Masten ein, was unter Umständen zu Beeinträchtigungen des Ortsbilds führen kann. Zudem verlangt diese Oberleitung bei Unterführungen ein höheres Lichtraumprofil. Weil Dieselfahrzeuge zur Zeit als Stadtbahn oder Tram zum Schutz der Luftqualität kaum eingesetzt werden, ist eine durchgehend mit Brennstoffzellen elektrifizierte Stadtbahn durchaus denkbar, die schließlich die oben genannten Nachteile konventioneller Energieversorgungen kompensiert [H]. Zur Versorgung der neu einzurichtenden Wasserstofftankstellen wird ein neues Transportnetz aufzubauen sein (Pipelines, Tankbehälter etc.). [19]

Doch gerade bei einem neuen Verkehrsprodukt wie der (tangentialen) Stadtbahn im Raum München steigen die Chancen, derartige High-Tech-Produkte möglicherweise als Pilotprojekt einführen zu können. Durch die im Jahr 2000 in Deutschland verstärkt geführte Diskussion um die zukünftige Energieversorgung von Verkehrsmitteln – im Zusammenhang mit den gestiegenen Erdölpreisen und vor allem den angehobenen Steuersätzen auf Benzin – rückt die Brennstoffzelle immer mehr in den Mittelpunkt von Forschung und Entwicklung: Während diese von Automobil- und Busindustrie bereits in großem Stil betrieben wird, ist davon auf der Schiene wenig zu hören. Eine der wenigen Ausnahmen ist die Versuchstram "Twino": Zum hundertjährigen Jubiläum der Tram von Nordhausen (Harz) wurde erstmals eine Tram mit Brennstoffzellen- und elektrischem Antrieb der Öffentlichkeit vorgestellt. Neben Wasserstoff könnten nach entsprechender Umrüstung zukünftig auch andere Energieträger wie Biodiesel und Erdgas zum Einsatz kommen. [20]

Im Würmtal sollte das Auftanken außerhalb des Fahrgastbetriebs oder bei längeren Aufenthalten stattfinden, um die Reisezeiten nicht zu beeinträchtigen. Ein Neubau einer (reinen) Brennstoffzellen-Stadtbahn bringt allerdings auch folgende Vorteile mit sich:

- Fahrdraht überflüssig (Kostenreduzierung, geringerer städtebaulicher Eingriff)

- Einsystem-Fahrzeuge (Energieversorgung)
  ⇒ kein Wechsel der Stromsysteme erforderlich (Kostenreduzierung, Platzersparnis)

- als Pilotprojekt mit zukunftsweisender Antriebstechnik zusätzlich förderungswürdig
  ⇒ Brennstoffzellen-Stadtbahn als High-Tech-Vorzeigeprodukt ⇒ exportfähig ?

Es sind weitere Forschungsprojekte und Untersuchungen mit dem Ziel der Abwägung aller Vor- und Nachteile dieser neuen Antriebstechnik speziell bei Schienenfahrzeugen anzustrengen, um einen möglichen Einsatz von mit Brennstoffzellen betriebenen Stadtbahnen im zukunftsorientierten Würmtal optimal vorzubereiten.

[H] Batteriebetriebene innerstädtische Schienenfahrzeuge sind rar und werden deshalb hier nicht behandelt.

4. Auswirkungen auf die lokale Verkehrssituation

4.1. Neuordnung des öffentlichen Personennahverkehrs

Der Einführung eines neuen (öffentlichen) Verkehrsmittels für übergeordnete Verkehrsbeziehungen muss eine gründliche Neuordnung des ÖPNV entlang der Stadtbahnstrecke(n) zwischen den südwestlichen Endpunkten der U3/U6 und dem S-Bahnhof Germering-Unterpfaffenhofen folgen (siehe Grafik S. 43). Eines der wichtigsten Kriterien ist dabei die Trennung zwischen den Verkehrsaufgaben: Ein Primärnetz für die Hauptverkehrsachsen (überörtliche Verbindung) und ein Sekundärnetz für die Feinverteilung (innerörtliche Erschließung) unterscheiden sich vor allem in der Kapazität der integrierten Verkehrsmittel (siehe Abbildung 1 in 1.1). Dennoch kann auch ein Verkehrsmittel des Primärnetzes in besonderen Einzelfällen die Erschließung übernehmen und umgekehrt:

4.1.1 Primärnetz: S-Bahn, U-Bahn und Stadtbahn (SPNV)

Die leistungsfähigen Verkehrsprodukte S-Bahn, U-Bahn und Stadtbahn bilden im Untersuchungsgebiet [1] gemeinsam das Primärnetz: Die Stadtbahn fungiert dabei gleichzeitig als schnelle Verbindung zwischen den einzelnen Siedlungen sowie als Zubringer zur S-Bahn (links der Würm) und zur U-Bahn (rechts der Würm), welche regionale Verbindungen nach München und in das Umland ermöglichen. An den Verknüpfungsstationen muss ein für den Fahrgast attraktives Umsteigen (baulich, fahrplantechnisch) möglich sein, um den Effekt des schnellen Zubringers "Stadtbahn" nicht zu schmälern. Dieses rein strukturelle Beispiel zeigt, dass innerhalb der Verkehrsebenen (Primärnetz, Sekundärnetz) wiederum Zubringer- bzw. Zubringer- sowie Verbindungsfunktionen zu definieren sind (Feingliederung).

4.1.2 Sekundärnetz: Bus und AST

Doch die Attraktivität eines Primärnetzes zwingt gleichzeitig zur Anpassung des Sekundärnetzes. So dient der gesamte ÖPNV als Zubringer der Fernzüge, die nur auf den wichtigsten Stationen halten – mit entsprechend geringem Fahrgastpotential im fußläufigen Umfeld. Deswegen sind zur Erweiterung des Fahrgastpotentials insbesondere der Stadtbahn innerörtliche Zubringer mit geringer Fahrgastkapazität erforderlich. In Abhängigkeit vom Fahrgastpotential und dessen Verteilung ist das passende Verkehrsmittel aus einer stetig wachsenden Palette (Bus, AnrufSammelTaxi (AST) und dessen Variationen) zu wählen. Denkbar ist beispielsweise eine Erschließung der südlichen Ortshälfte Neurieds tagsüber mit Midi- oder Minibussen auf festen Linien, abends mit einem bedarfsgesteuerten AST-System auf Korridoren, wie es bereits in allen Gemeinden des Landkreises Fürstenfeldbruck erfolgreich Realität geworden ist. Diese Funktion als Zubringer zum Primärnetz, besonders zur Stadtbahn, muss auch die innerörtlichen Verkehrsbeziehungen abdecken, also auch Fahrgäste mit kurzen Reiseweiten berücksichtigen.

---

[1] (Gemeinden Neuried und Planegg, Stadt Germering-Unterpfaffenhofen)

4.2.   Folgen für die Verkehrsaufteilung

4.2.1   Verkehrsverlagerung vom MIV zum ÖPNV

Mit (deutlich) steigender Attraktivität des ÖV (Pull-Faktor) ist gewöhnlich auch eine Verlagerung des Verkehrs vom MIV auf den ÖV zu beobachten.[21] Dafür ist nicht nur ein funktionierender ITF mit einer hohen Fahrtenanzahl und einer großen Haltestellendichte wichtig. Es sind auch der Fahrgastkomfort, die Fahrgastinformation und nicht zuletzt die Eingliederung in den gesamten Kreislauf des Verkehrs ausschlaggebend. Nicht zu vergessen sind zweifellos die Vorteile des ÖV gegenüber dem eigenen Pkw gerade für Berufspendler: Als Fahrgast hat man während der Fahrt beispielsweise die Möglichkeit, zu arbeiten, Zeitung zu lesen oder sich zu entspannen, sofern genügend Sitzplätze vorhanden sind. Hierbei kann man durchaus von einem persönlichen Zeitgewinn gegenüber dem Fahren des eigenen Pkw sprechen. Zudem sind vor allem an den innerörtlichen Stadtbahnhaltestellen Fahrradabstellplätze (Bike+Ride=B+R), an ausgewählten Stationen durchaus auch Parkplätze für Benutzer des ÖPNV (Kiss+Ride=K+R bzw. Park+Ride=P+R), zu bauen (Pull-Faktor). Durch diese Maßnahmen wird dem potentiellen Fahrgast der Weg davor bzw. danach erleichtert. Möglicherweise werden sogar neue Kunden angelockt. Allerdings führt ein hoher Anteil insbesondere des P+R, aber auch von K+R, zu Abwanderungen vom Sekundärnetz des ÖPNV zum MIV mit all seinen negativen Folgen gerade für die dichtbesiedelten Vororte.

4.2.2   Verbesserung des Wirtschaftsverkehrs auf den Straßen

Durch die angesprochene Attraktivitätssteigerung des ÖV erhöht sich auch die Attraktivität der Straßen durch deren Entlastung aufgrund der Verkehrsverlagerung. Dies sollte vor allem dem Wirtschaftsverkehr auf den Straßen zu Gute kommen, der aufgrund seiner individuellen Ansprüche nicht verlagert werden kann (zum Beispiel Firmenvertreter im Außendienst). Allerdings darf eine Verkehrsverlagerung von der Straße auch nicht darüber hinwegtäuschen, dass durch die freigewordenen Kapazitäten eventuell neuer unnötiger MIV angezogen wird (nach dem Motto: *"Wer Straßen säht, wird Verkehr ernten."*). Durch darüber hinausgehende wirksame Maßnahmen ist zu verhindern, dass die politisch geforderte Verlagerung auch von Güter- bzw. Wirtschaftsverkehr auf die Verkehrsträger Schiene und Wasser weiterhin Bestand hat. Wie hoch sich letztlich die Verkehrsverlagerung zum ÖV auf den Modal-Split auswirkt, hängt demnach nicht nur von der Verbesserung der Attraktivität des ÖV ab, sondern auch, ob und in welchem Umfang Restriktionen im MIV durchgeführt werden (Push-Faktoren).

4.2.3   Induzierung neuen Verkehrs

Durch den verbesserten Verkehrsfluss auf den Straßen sowie die Kapazitäts- und Angebotssteigerung beim ÖPNV ist erwartungsgemäß wiederum die Anziehung neuen Verkehrs zu erwarten, was einer Verkehrsvermeidung andererseits entgegenwirkt. Soll dieser neue induzierte Verkehr nicht auf der Straße stattfinden, so sind konsequenterweise (weitere) Restriktionen im MIV vorzunehmen (Push-Faktor).

5. Ökologische und städtebauliche Folgen der Stadtbahn

Die soeben beschriebene Veränderung in der Verkehrsaufteilung, also im Modal-Split sowie in den Verkehrsbeziehungen und Gewohnheiten, wird zwangsläufig auch ökologische Auswirkungen auf die betroffenen Korridore haben. Eine Veränderung der Emissionsbelastung im Kleinen trägt natürlich auch zu einer geringfügigen Änderung innerhalb einer großen Region bei. Denn um das von der Bundesrepublik Deutschland selbst gesteckte Ziel der CO_2-Reduzierung (25% bis 2005 mit Ausgangsjahr 1987) zu erreichen [22], sind auch viele kleine Schritte nötig. Darüber hinaus werden in diesem Kapitel auch die sogenannten "externen Kosten" näher betrachtet.

5.1 Externe Kosten des Verkehrs

Bereits 1992 empfiehlt die *UNO (Vereinte Nationen) "die Internalisierung der Umweltkosten und den staatlichen Einsatz wirtschaftlicher Instrumente, die das Verursacherprinzip durchsetzen"*. [23] Auch im *Vertrag über die Europäische Union (EU)* werden unter anderem "nachhaltige Wirtschaftsentwicklung", "hoher Umweltschutz" und "Verursacherprinzip bei Umweltbeeinträchtigungen" genannt. Sowohl UNO als auch EU sprechen sich für das Verursacherprinzip bei der volkswirtschaftlichen Belastung von Umwelt und Gesundheit durch den Verkehr aus. Diese Belastung wird durch die "externen Kosten" ausgedrückt, die anhand mehrerer Indikatoren (Unfallfolgekosten, Luftverschmutzung, langfristige Klimaveränderung, Folgen des Lärms, Flächenverbrauch durch Staus etc.) errechnet werden. Diese externen Kosten finden sich zur Zeit – von wenigen Ausnahmen abgesehen – nicht im vom Nutzer bezahlten Preis wieder, obwohl sie die Volkswirtschaft enorm belasten. [24]

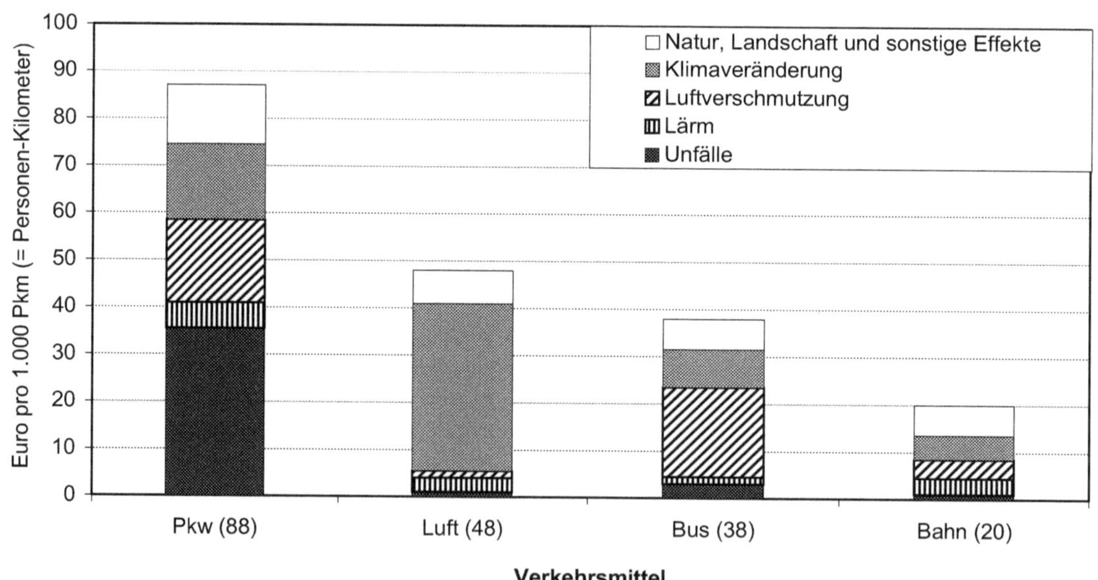

Grafik: Stefan Baumgartner, 2001
Quelle: UIC: Der Weg zur nachhaltigen Mobilität / (...), 2000; S. 10

Abbildung 5: externe Kosten des Personenverkehrs 1995 (ohne Staukosten)

In einer im März 2000 abgeschlossenen Studie von IWW und INFRAS ("Externe Kosten des Verkehrs (Unfall-, Umwelt- und Staukosten in Westeuropa)") wird bei Weiterverfolgung der heutigen Politik eine Steigerung der externen Kosten (ohne Staukosten) bis 2010 von 42% erwartet, wobei Straße und Luft den größten Anstieg zu verzeichnen hätten. [25] Über diese Studie hinaus wird durch die EU-Osterweiterung im ersten Jahrzehnt des 21. Jahrhunderts allgemein ein deutlicher Anstieg des Personen- und des Güterverkehrs erwartet.

Diese zusätzlichen Belastungen dürfen nicht auf Kosten der nächsten Generationen bzw. der Umwelt gehen, sondern sollten nach dem Verursachersacherprinzip getragen werden. Um gleichzeitig vorzubeugen, das heißt, den Verkehr umweltfreundlich zu lenken, ist eine schnellstmögliche Einbindung der externen Kosten in die Steuerpolitik notwendig. Dadurch entstehen Marktkräfte, die zur Vermeidung unnötigen Verkehrs sowie zur Verkettung einzelner Wege beitragen. Weil vor allem Tagespendler aus Germering ins Würmtal erfahrungsgemäß über Planegg fahren (bisher MIV), rechtfertigt auch nach Internalisierung externer Kosten das potentielle Fahrgastaufkommen noch eine Stadtbahn. Darüber hinaus können die externen Kosten bei der Verkehrspolitik eine Orientierungshilfe bieten.

5.2   Verringerung der Emissionen

Als Vergleich werden Primärenergieverbrauch und ausgewählte externe Kosten von Pkw (innerorts), Bus (im Mischbetrieb mit MIV) und Stadtbahn (im Straßenplanum als Tram) mit Sach- und Preisstand 1993 errechnet: [26]

Primärenergieverbrauch und ausgewählte externe Kosten (pro Fahrzeug)	Pkw	Normalbus im Linienverkehr	Tram (Stadtbahn)
Primärenergieverbrauch	1,21 kWh	3,3 kWh	6,6 kWh
Abgasbelastung (Emissionsraten in g/Fahrzeug-km)	0,026 €	0,097 €	0,064 €
Unfallfolgekosten (durchschnittliche Sachschadenshöhe bei Sachschäden >1.500 €)	25,1 €	12,2 €	12,0 €

Abbildung 6:   Verkehrsmittel (innerorts): ausgewählte externe Kosten *pro Fahrzeug*

Doch dies erlaubt noch keinen Schluss, welches Verkehrsmittel nun beispielsweise umweltfreundlicher sei, denn während mit dem Pkw durchschnittlich 1,3 Personen fahren, benutzen den Bus und die Tram deutlich mehr Personen. Diese Betrachtung ist auch im Hinblick auf den Flächenverbrauch wichtig. Die Anzahl der transportierten Personen (Fahrgäste) werden für den Linienbus mit 10 Personen, für die Tram (Stadtbahn) mit 15 Personen (erfahrungsgemäß 50% mehr als eine vergleichbare Buslinie) angesetzt, was jeweils etwa ein Drittel der Sitzplätze ausmacht. Mit dieser Annahme ergibt sich folgendes Bild, dass die Kriterien der obigen Tabelle pro Person (ohne Bus- / Tramfahrer) berechnet:

Primärenergieverbrauch und ausgewählte externe Kosten (pro Person bzw. Fahrgast)	Pkw (1,3 Personen)	Normalbus im Linienverkehr (10 Fahrgäste)	Tram (Stadtbahn) (15 Fahrgäste)
Primärenergieverbrauch	0,93 kWh	0,33 kWh	0,44 kWh
Abgasbelastung (Emissionsraten in g/Fahrzeug-km)	0,020 €	0,010 €	0,004 €
Unfallfolgekosten (durchschnittliche Sachschadenshöhe bei Sachschäden >1.500 €)	19,3 €	1,2 €	0,8 €

Abbildung 7:   Verkehrsmittel (innerorts): ausgewählte externe Kosten *pro Person*

Diese Gegenüberstellung zeigt eindeutig die Vorteile einer Tram (Stadtbahn) gegenüber dem Bus und dem Pkw, sobald für die Tram (Stadtbahn) ein ausreichendes Fahrgastaufkommen erreicht werden kann. Es sei angemerkt, dass bei einer besseren Auslastung von Bus bzw. Tram deren Werte sich gegenüber dem Pkw weiter verringern (verbessern). Außerdem erfolgt bei der Tram (Stadtbahn) die Energieversorgung via Oberleitung. Dadurch entstehen keine Abgase am Ort des Geschehens, sondern am Kraftwerk selbst. Außerdem ist direkt am (stationären) Ort der Energieerzeugung eine Schadstoffreduzierung mit besserem Preis-Leistungs-Verhältnis machbar als am Fahrzeug selbst. Im Hinblick auf die Lärmbelastung ist es möglich, sowohl am Stadtbahnfahrzeug wie am Fahrweg Maßnahmen durchzuführen. Zusammenfassend kann gesagt werden, dass durch die Inbetriebnahme der Stadtbahn unter Einbeziehung eines veränderten Modal-Split ein Rückgang der Emissionen zu erwarten ist.

5.3   Städtebauliche Aufwertung der Straßenzüge

Durch die Reduzierung der Schadstoffbelastung und des Lärms profitieren gerade die Anlieger bisher stark frequentierter Hauptverkehrsstraßen. Die Stadtbahn bietet eine Alternative, indem auch diejenigen gewinnen, die unmittelbar an der Stadtbahnstrecke wohnen: Durch kurze Fußwege zu den Haltestellen erreichen sie ihr Ziel schneller als bisher. Darüber hinaus kann gleichzeitig mit dem Bau der Stadtbahn eine Verkehrs-beruhigung der Straße durchgeführt werden, wodurch dieser Straßenzug gleichzeitig aufgewertet wird.

Die Breite der Stadtbahnfahrzeuge sollte laut VDV (Verband Deutscher Verkehrsunter-nehmen) 2,65 m [27] betragen. Das heißt, es wird ein Gleiskörper mit einer Mindestbreite von 3,00 m oder mehr benötigt. Eine reine Pkw-Fahrspur benötigt je nach den Verkehrsverhältnissen etwa 2,50 m, ein Radweg in einer Fahrtrichtung ist mindestens 1,00 m breit. Aus diesen Modulen lässt sich die Anordnung der verschiedenen Fahrbahnen im Straßenraum zusammensetzen. Für die Trassierung in engen Ortsdurchfahrten (auf der Referenzstrecke in Martinsried, Planegg und Germering-Unterpfaffenhofen vorhanden), lohnt sich ein Blick in den Kölner Vorort Frechen und in den Großraum Karlsruhe: Während in Frechen die Durchgangsstraße verlegt und deren alter Straßenzug zu einer Fußgänger-zone inklusive eingleisiger Stadtbahn umgewandelt wurde (→ Bahnhofstraße in Planegg), halbierte man in Linkenheim bei Karlsruhe die Fahrbahn (siehe Fotos S. 20). Bei letzterem nimmt der gewöhnliche Straßenraum weiterhin die eine Hälfte ein. Auf der anderen Hälfte befindet sich ein eigener Gleiskörper, der von anderen Verkehrsteilnehmern (MIV und NIV) mitbenutzt werden kann. Dadurch ist sowohl ein Begegnungsverkehr des MIV wie auch eine – juristisch gesehen – seperate Stadtbahntrasse möglich. Schließlich wird nur seperaten Stadtbahngleisen ein Zuschuss gewährt (siehe 7.3.1). Aus Platzgründen muss zum Teil auf das zweite Gleis verzichtet werden – zum Nachteil eines flexibleren Betriebs.

Eine Anwendung der "Linkenheimer Lösung" wäre in der Germeringer Otto-Wagner-Straße denkbar, wobei die geplante Straßenbreite südlich des "kleinen Stachus" von 6,5 m nicht ausreichen wird und deswegen erhöht werden müsste. Es sollte auch über eine Einbahnstraßenregelung nachgedacht werden, um das Stadtbahngleis als Rasengleis ausführen zu können. Darüber hinaus ist eine Umwandlung in eine Fußgängerzone denkbar, die auch von Radfahrern und Stadtbahnen benutzt wird:

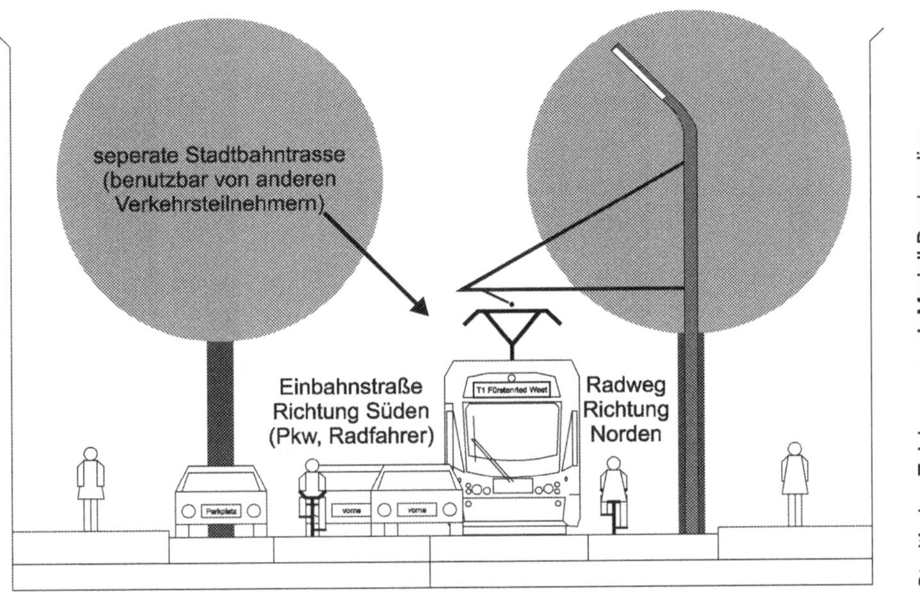

Germering-Unterpfaffenhofen
Otto-Wagner-Straße südlich des "kleinen Stachus"
Blickrichtung: Nord ("kleiner Stachus")

Abbildung 8:   Straßenprofil Otto-Wagner-Straße (Germering)

5.4   Verbesserung der Lebensqualität

Die Senkung von Lärm- und Abgasbelastung sowie die Einführung von Restriktionen im MIV wie in Frechen und Linkenheim tragen in der Gesamtbetrachtung zu einer besseren Luftqualität und geringerem Lärm bei. Weitere Verschönerungen des Straßenbilds führen zu einer Attraktivitätssteigerung gerade der Ortskerne, wenn dort beispielsweise ein kleiner Stadtpark und/oder eine Allee errichtet werden können, die zum Verweilen einladen. Darüber hinaus wertet eine architektonische Gestaltung der Stadtbahninfrastruktur (Gleiskörper, Haltestellen, Oberleitung) den gesamten Straßenzug auf. Denn Lebensqualität besteht auch aus der Wirkung des Stadtbilds auf den Bürger.

6.   Stadtbahn als Standortfaktor

Neben den soeben beschriebenen direkten Auswirkungen bzw. Gestaltungsmöglichkeiten durch die Einführung der Stadtbahn ergeben sich auch indirekte Konsequenzen vor allem im wirtschaftlichen Sektor der Kommunen: Denn bei der Standortwahl deutscher Unternehmen mit mehr als zwanzig Beschäftigten rangiert, laut einer Studie der Prognos AG aus Basel, an zweiter Stelle die Frage der Verkehrsanbindung – hinter der Qualifikation der Arbeitskräfte. Dabei ist für die Unternehmen nicht nur eine gute Anbindung an den Fernverkehr allgemein oder an das Straßennetz von Bedeutung, sondern auch ein attraktiver, gut ausgebauter ÖPNV: Die Entscheidungsmomente der Standortwahl schließen ausdrücklich auch die Erreichbarkeit der Haltestellen, die Zuverlässigkeit der Verkehrsmittel sowie ein günstiges Tarifangebot für die Mitarbeiter ein. Dieses Interesse der Wirtschaft am ÖPNV zeigt, dass dessen Bedeutung oftmals unterschätzt wird – auch sein Image ist laut dieser Prognos-Umfrage besser als angenommen: *"Eine gute Nahverkehrserschließung mache einen Standort für ansiedlungsinteressierte Unternehmen interessanter und trage auch zur Zufriedenheit ansässiger Unternehmen bei."* [28]

6.1   Reisezeitgewinne im ÖPNV

In der Realität interessiert den (möglichen) Kunden des ÖPNV gerade im Vergleich mit dem MIV die tatsächliche Reisezeit und nicht, wie oft behauptet, die Fahrzeit. Die *Reisezeit* besteht aus folgenden Modulen: Fußweg zur Haltestelle, Zugang zum Bahnsteig, Wartezeit auf das Verkehrsmittel, reine *Fahrzeit*, benötigte Zeit für Umsteigevorgänge inklusive Wartezeiten, Verlassen der Stationsanlagen sowie Fußweg zum Zielort. Dabei sinkt im Vergleich zur U-Bahn vor allem die benötigte Zeit für alle fußläufigen Wege innerhalb der Stationsanlagen des ÖPNV sowie der Erreichbarkeit der Haltestelle. Außerdem verbessert sich die Erreichbarkeit von Haltestellen – wie von Unternehmen in der Prognos-Umfrage gefordert – weil durch kürzere Stationsabstände [J] die Zugangspunkte zum SPNV erhöht und dadurch das Haltestellennetz verdichtet wird.

Die Zuverlässigkeit der Stadtbahn wird durch seperate Gleiskörper und Beschleunigungsmaßnahmen weiter steigen, jedoch nicht den Wert einer Voll-U-Bahn erreichen können. Zwar sind eigene Fahrbahnen auch bei Bussen möglich, doch tragen sie erheblich zur Flächenversiegelung bei. Beschleunigungen mit Hilfe von Ampelvorrangschaltungen werden beispielsweise bei der Münchner Buslinie 58 erfolgreich eingesetzt. Dennoch wird der Busverkehr im Gegensatz zu Schienenverkehrsmitteln praktisch nie deren Unabhängigkeit vom MIV und schon gar nicht deren Fahrgastkapazität erreichen können. Deswegen ist bei neuen Großprojekten, die viel Verkehr anziehen werden, eine Prüfung der Erschließung per SPNV nicht nur naheliegend, sondern notwendig.

[J] (Stadtbahnhaltestellen erfordern in der Regel weniger Investitions- und Betriebskosten als U-Bahnhöfe)

6.2   High-Tech-Zentrum Würmtal

"Der Freistaat Bayern beabsichtigt die Verlagerung von Instituten der Ludwig-Maximilian-Universität München aus der Innenstadt auf eine derzeit landwirtschaftlich genutzte Vorbehaltsfläche im Gemeindegebiet Planegg, die größtenteils im Besitz des Freistaats ist."[29] Diese Fläche befindet sich zwischen Martinsried, dem Max-Planck-Institut (MPI), dem Klinikum Großhadern inklusive weiterer Forschungseinrichtungen sowie dem Lochhamer Schlag (= Waldgebiet). Die Großhaderner Straße teilt dieses Gebiet in einen Nord- und einen Südteil. In letzterem sollen nach dem Umzug der "Fakultät für Biologie" von München nach Martinsried rund 750 Studenten und 200 Bedienstete tätig sein. Zur Förderung interdisziplinärer Zusammenarbeit wird eine Ansiedlung weiterer naturwissenschaftlicher Fakultäten im Campus Martinsried/Großhadern angestrebt. Darüber hinaus sollen 2.000 neue Arbeitsplätze entstehen[30], die ein enormes Verkehrspotential darstellen würden. Das gesamte Universitäts- und Forschungsgelände Martinsried/Großhadern trägt in dieser Forschungsarbeit den Arbeitstitel "High-Tech-Zentrum Würmtal" (HTZW), wobei dieses oft auch mit dessen Funktion als europäischer Bio-Tech-Standort[31] in Verbindung gebracht wird. Das HTZW durchtrennt den Grünzug zwischen dem Lochhamer Schlag im Norden und dem Forstenrieder Park im Süden, wobei die Einbindung der Baukörper in das Landschaftsbild sowie die Steigerung der Naherholungsfunktion der Grünzüge vorgesehen sind[32]. Auch bei der Verkehrserschließung wird auf ökologische Belange geachtet: Als Haupterschließungsachse wurde die Straße "Am Klopferspitz" festgesetzt, die Großhaderner Straße östlich davon soll lediglich dem internen Verkehr sowie Radfahrern und Fußgängern vorbehalten sein. Der "Campusweg" in Nord-Süd-Richtung verbindet die neuen Fakultäten, an der Kreuzung mit der Großhaderner Straße soll die neue städtebauliche Mitte des Campus entstehen.

Die Verlängerung der U6 von ihrem bisherigen Endpunkt "Klinikum Großhadern" um eine Station bis in den Campus ist bereits geplant. Um die immensen Investitions- und Betriebskosten zu mindern, könnte die Trasse oberirdisch oder im Einschnitt verlaufen, die Reduzierung auf ein Gleis sollte jedoch wie bei der Stadtbahn (siehe 3.2) vermieden werden. Im Gegensatz zu anderslautenden Vorschlägen aus den letzten Jahren, wonach der neue Endbahnhof in der Ortsmitte von Martinsried liegen sollte, ist der U-Bahnhof momentan zwischen Campus und Martinsried vorgesehen. Die Verlängerung der U6 nach Martinsried würde ihre Bedeutung als "Universitäts- und Forschungslinie" (Martinsried – München – Garching) stärken. Eine Anbindung Planeggs an das U-Bahnnetz durch die U6 wie durch die U3, wird an den hohen Kosten in Verbindung mit dem zu erwartenden – für eine klassische U-Bahnstrecke zu niedrigem – Fahrgastaufkommen scheitern.

Für beide Möglichkeiten wurde bereits eine Stadtbahn vorgeschlagen, welche auch die überörtlichen Verkehrsbeziehungen von Martinsried in Richtung Neuried – Fürstenried bzw. Gräfelfing – Freiham übernehmen kann. Darüber hinaus wären weitere Stadtbahnlinien im Würmtal die einzige realistische Möglichkeit, ein engmaschiges Primärnetz mit vielen Haltestellen ($\Rightarrow$ kurze Zugangswege) zu weben. Da einerseits T2 im Gegensatz zur U6 deutlich mehr Haltestellen aufweist sowie teilweise einen anderen Einzugsbereich besitzt und andererseits die U6 die schnelle Verbindung in die Kernstadt herstellt, werden Stadtbahn und U-Bahn im HTZW kaum konkurrieren. Den neuen Campus könnte die

Stadtbahn entlang der Großhaderner Straße durchqueren, um die neue städtebauliche Mitte sowie die Marchioninistraße optimal zu erreichen. Damit wäre auch eine unmittelbare Parallelführung von U6 und Stadtbahn weitgehend vermieden.

Für Martinsried selbst, das wegen seiner räumlich günstigen Lage und der Ansiedlung des Campus als Knotenpunkt der Stadtbahnlinien im Würmtal etabliert werden sollte, bietet sich einerseits die für die U6-Verlängerung reservierte Fläche im Ortskern entlang der parallelen verlaufenden Fraunhoferstr. / Röntgenstr. an. Der Errichtung eines Campus sowie weiteren Forschungsstätten nördlich des Max-Planck-Instituts wird jedoch höhere interkommunale Funktion zukommen als dem Ortskern, wodurch eine Lage des Knotenbahnhofs im Bereich des geplanten U-Bahnhofs zwischen der Siedlung und dem Campus sinnvoller erscheint. Es ist auch von zwei U-Bahnhöfen anstatt einem die Rede (im Campus und in der Ortsmitte Martinsried), wobei die "Knotenfrage" erneut diskutiert werden müsste.

Zur Anbindung Neurieds an das HTZW wird die Verlängerung der Buslinie 269 (Neuried – Klinikum Großhadern) nach Martinsried vorgeschlagen, wobei innerhalb des HTZW Einrichtungen abseits des Primärnetzes (U-Bahn, Stadtbahn) erschlossen werden sollten. Wenn darüber hinaus das HTZW südlich des Max-Planck-Instituts teils auf Neurieder Gemeindegebiet erweitert wird, so wäre eine geringfügige Verschwenkung von T1 unter Inkaufnahme einer kleinen Fahrzeiterhöhung möglich. Die Stadtbahnstrecken rund um Martinsried wurden bereits in 3.2.1 näher erläutert.

6.3   Güterbeförderung auf Stadtbahnstrecken

Bisher bezog sich diese Forschungsarbeit ausschließlich auf den Personenverkehr, weil die angesprochene Strecke gerade Potentiale in diesem Sektor erschließt und bereits ähnliche Projekte in Deutschland vorrangig für die Beförderung von Fahrgästen verwirklicht sind. Doch auch die bei der Stadtbahn angewendete Rad/Schiene-Technik ist ebenso fähig, Güter mit begrenztem Umfang (abhängig vom jeweiligen Lichtraumprofil) zu transportieren.

Zu Beginn des Jahres 2001 gibt es nur noch selten Tram- oder Stadtbahnstrecken mit Mischbetrieb von Personen- und Güterzügen wie beispielsweise im Großraum Köln / Bonn. Dabei fand am 01. März 2001 in der sächsischen Landeshauptstadt Dresden eine kleine Revolution statt, wo die ortsansässigen Dresdner Verkehrsbetriebe (DVB) mit dem Automobilkonzern Volkswagen (VW) das Pilotprojekt "CarGoTram" in die Welt riefen: Voraussichtlich 21 Stunden täglich sollen ab März 2001 im 40-Minuten-Takt speziell hierfür entwickelte fünfteilige Gütertriebwagen die im Bau befindliche sogenannte "Gläserne Manufaktur" am Straßburger Platz (östlich der Altstadt) und das VW-Logistikzentrum am Bahnhof Dresden-Friedrichstadt (westlich der Altstadt) miteinander verbinden. Dadurch konnten Probleme wie Lagerkapazitäten, der Transport durch die vor zusätzlichen Emissionen schützenswerte Altstadt Dresdens und ein optimaler Anschluss an das Fernverkehrsnetz von Schiene und Straße gelöst werden, wobei lediglich der Anschluss beider Endpunkte an das bestehende Tramnetz neu ist. Die Gütertriebwagen entsprechen den speziellen Anforderungen des Dresdner Tramnetzes (Technik, Kommunikation etc.), so dass vor allem bei Betriebsstörungen flexibel reagiert werden kann. [33]

Foto: CarGoTram (= Gütertram) am Pirnaischen Platz in Dresden (© Stefan Baumgartner)

Im Gegensatz zu der in Dresden gewählten linienförmigen Punkt-Punkt-Verbindung sieht eine Studie über die Verlagerung des innerstädtischen Lieferverkehrs in der thüringischen Landeshauptstadt Erfurt einen Linienbetrieb mit einer gerichteten Zubringer- und Verteiler-struktur an den Haltestellen der Gütertram vor. Bei der hier gewählten Betriebsform konkurriert die Gütertram mit den Lieferwagen bzw. unter bestimmten politischen Rahmen-bedingungen ersetzt sie diese in der Kernstadt, wobei ein Umladebahnhof notwendig sein könnte. Die beladenen Rollcontainer könnten laut dieser Studie auch mit konventionellen Trams (Niederflur, um baulich-technische Hürden zu vermeiden) befördert werden, wodurch eine Kostenreduzierung erreicht würde. [34]

Doch lassen sich diese Konzepte überhaupt auf einen suburbanen Raum übertragen?

Natürlich fallen die Liefermengen an die Unternehmen entlang dieser Stadtbahnstrecke und möglicher Netzerweiterungen deutlich geringer aus als zum Beispiel in der Kernstadt Münchens. Allerdings bestehen durchaus Möglichkeiten zur Bündelung von regionalem Güter- bzw. Lieferverkehr und gleichzeitiger Verlagerung der Transporte auf die Schiene: Einerseits könnte die Ver- und Entsorgung des High-Tech-Zentrums Würmtal nach dem "Erfurter Modell" und/oder dem "Dresdner Modell" abgewickelt werden. Andererseits besteht auch im Untersuchungsraum die Möglichkeit, Lkw-Transporte bei Punkt-Punkt-Verbindungen (Dresdner Modell) auf die Stadtbahn zu verlagern. Hierzu ist noch die Prüfung der konkreten Machbarkeit durchzuführen. Dabei sollte auf jeden Fall die Mitbenutzung von Vollbahnnetzen (nach EBO) im Hinblick auf Mehrsystem-Fahrzeuge untersucht werden, um den logistischen Anforderungen der Unternehmen gerecht zu werden. (siehe auch Grafik S. 46)

7.   Realisierung der Stadtbahn

Neue Projekte wie eine Stadtbahnstrecke werden in einer umfangreichen Machbarkeitsstudie (technisch, städtebaulich, wirtschaftlich, juristisch etc.) untersucht. Ausgewählte Faktoren werden im Folgenden kurz erläutert:

7.1   "Politische Machbarkeit"

Formell gibt es keine sogenannte "politische Machbarkeit". Vielmehr wird in diesem Kapitel kurz die bisherige politische Dimension der tangentialen Stadtbahn erfasst. Schließlich ist in der Regel die Unterstützung durch die politische Ebene die Grundvoraussetzung für ein Verkehrsprojekt. Denn die tangentiale Stadtbahn wird besonders in den betroffenen Vororten die Verkehrsinfrastruktur prägen. Daher ist eine frühestmögliche Einbindung der Bevölkerung und der Interessensvertreter außerhalb der politischen Gremien wichtig. Durch einen konstruktiven *öffentlichen Diskussionsprozess* im Laufe der Planungen können Konflikte, zum Beispiel während des aufwendigen Planfeststellungsverfahrens, reduziert werden. Allerdings lässt die – zumindest bis Sommer 2001 – relativ spärliche Öffentlichkeitsarbeit und Transparenz der Leitung des MVV-Lenkungskreises zu wünschen übrig.

Unter Leitung des Münchner Verkehrs- und Tarifverbundes (MVV) wurde 1997 ein interdisziplinärer Arbeitskreis eingerichtet, der aus Aufgabenträgern, Verkehrsunternehmen, Politik, Universität und Verbänden besteht. Diese sogenannte "Inzell-Projektgruppe" prüft "die Einsatzfähigkeit (...) eines sog. Mehrsystem-Fahrzeuges (...) im MVV-Raum"[35]. Parallel dazu laufen Untersuchungen der TU München im Rahmen des Forschungsprojekts MOBINET zur grundsätzlichen Machbarkeit einer "Stadt-Umland-Bahn" (tangentiale Stadtbahn). Ende 2000 wurde der Auftrag zur Anfertigung einer Machbarkeitsstudie für Stadtbahnstrecken im Verdichtungsraum München an die Firma "Beraten | Planen | Realisieren" (BPR) vergeben. Inzwischen sind die Ergebnisse und Konfliktpunkte bekannt. Durch die Firma Intraplan wurden im Auftrag der "Inzell-Projektgruppe" bereits Grobabschätzungen von Fahrgastpotentialen auf ausgewählten Strecken durchgeführt, die den Bedarf einer weiteren Untersuchung begründen.[36] Dabei ist zu beachten, dass die Verkehrszellen außerhalb der LH München teilweise zu grob gestrickt sind. Deswegen führt im Sinne des Zukunftsprojektes "Stadtbahn" kein Weg an neuen, detaillierteren und unangreifbaren Studien vorbei.

Die vom Projekt "Stadt-Umland-Bahn" betroffenen Gemeinden (beispielsweise Eichenau, Fürstenfeldbruck, Germering, Gräfelfing, München, Neuried, Planegg) tragen zur Finanzierung dieser Studie bei. Darüber hinaus fordert zum Beispiel der Landkreis Fürstenfeldbruck und einige Gemeinden weitergehende Streckenuntersuchungen, wie sie der Fahrgastverband Pro Bahn bereits 1995 [37] bzw. 1997 [38] sowie der Verkehrsclub Deutschland (VCD) in Kooperation mit dem Bund Naturschutz (BN) 1996 [39] vorschlugen. Alle drei Verbände setzen sich intensiv für ein derartiges tangentiales Stadtbahnnetz ein.

7.2   Technische Machbarkeit

Eine Konkretisierung solcher Forderungen bzw. Planungen setzt dennoch die technische Machbarkeit voraus. Nur bei Erfüllen dieser sind weitere Untersuchungen zum Beispiel der Wirtschaftlichkeit und detailliertere städtebauliche Planungen nötig. Verschiedene Aspekte der technischen Machbarkeit einer Stadtbahn im Würmtal sind bereits angesprochen worden. Dieses Kapitel behandelt weiterführende Fragen wie die Wahl des Fahrzeugtyps.

Ein im Untersuchungsgebiet zum Einsatz kommendes Stadtbahnfahrzeug [K] sollte folgende Eigenschaften erfüllen: [L]

➲ Zulassung für BOStrab und EBO

➲ Zwei-Stromsystem-Technik (ggf. nachrüstbar) oder Brennstoffzellenfahrzeug

➲ geringer befahrbarer Bogenhalbmesser (nach VDV mindestens 18 m)

➲ Bewältigung von tramüblichen Steigungen

➲ Einstiegskomfort (hoher Niederfluranteil), hoher Sitzplatzanteil und Mehrzweckabteile

Zur Zeit werden in Deutschland zwei verschiedene Familien von Stadtbahnfahrzeugen mit Zweisystem-Eigenschaften eingesetzt: Während unter anderem ABB Henschel und Siemens Verkehrstechnik die Karlsruher Triebwagen lieferten, entwickelte Bombardier Transportation die "Tram-Train"–Familie, die in Saarbrücken, dem zweiten deutschen Zweisystem-Stadtbahnnetz, als "Saarbahn" verkehren. Am 08. Juli 2000 veranstaltete der Fahrgastverband Pro Bahn mehrere öffentliche Sonderfahrten mit "Saarbahn"-Triebwagen (Saarbrücken) in Oberbayern, unter anderem auch eine München-Rundfahrt [40], wobei ausschließlich Gleise der Deutschen Bahn AG benutzt wurden:

Foto links: Saarbahn auf der Außerfernbahn in Griesen (© Stefan Baumgartner)
Foto rechts: Mehrzweckabteil des Saarbahn-Triebwagens (© Stefan Baumgartner)

[K] Spurbusse wie in Essen oder eine "Tram auf Gummirädern" wie in Nancy, Frankreich, sind wegen einer möglichen Mitbenutzung von S-Bahn- und Tramgleisen (Werkstattanbindung, Verlängerungen) denkbar ungeeignet. (Quelle zu Nancy: Bombardier Transportation: Tram-on-Tires (Nancy), St. Bruno (Kanada))

[L] siehe auch "VDV-Schriften (150): Typenempfehlung Stadtbahn-Fahrzeuge, 05/1995"

Die "Tram-Train"–Familie erfüllt alle oben aufgeführten Kriterien für den Einsatz im Würmtal (kleinster befahrbarer Bogenhalbmesser = 25 m, max. 8% Steigung, Einstiegshöhe 35cm oder 55cm etc.). Bombardier bietet den "Tram-Train" auch als Dreisystem-Fahrzeug in Bezug auf die Energieversorgung an: Ein zusätzlicher diesel- bzw. gaselektrischer Antrieb würde die möglicherweise notwendige Elektrifizierung des IVG-Anschlussgleises überflüssig machen. Die dadurch entstehende Entlastung bei den Infrastrukturkosten muss mit den Kosten für diese zweite bzw. dritte Energieversorgung abgewogen werden. Abgesehen von der bisherigen Funktion ist dieses Anschlussgleis zum Netz der Deutschen Bahn AG im Hinblick auf die Mitbenutzung bzw. Übernahme der DB-Werkstätten in München-Neuaubing bzw. in München-Pasing interessant. Denn eine Überführung zur U-Bahn-Hauptwerkstätte in München-Fröttmaning würde – außer bei Nutzung von brennstoffzellen- bzw. batteriebetriebenen Fahrzeugen – zumindest ein kompatibles Energieversorgungssystem der Stadtbahnen voraussetzen.

Wird schließlich der Bau eines eigenen Betriebshofs im Untersuchungsgebiet in Erwägung gezogen, so bieten sich unbebaute Flächen zwischen Planegg und Martinsried an, denn der existierende Grüngürtel sind zu schützen. Außerdem ist ein spezieller Betriebshof für die Stadtbahn wirtschaftlicher, weil optimal an die Erfordernisse angepasst und damit effizienter. Südlich des Klinikums sowie im südöstlichen Neuried entstehen vermutlich neue Wohngebiete, so dass dort kein möglicher Standort zu finden sein wird. Ein neuer Betriebshof im Würmtal sollte großzügig dimensioniert werden, um ihn für weitere Stadtbahn- und Tramstrecken innerhalb und außerhalb des Untersuchungsgebiets zu rüsten.

7.3   Wirtschaftliche Machbarkeit

Neben den technischen Aspekten ist für die politischen Entscheidungsträger vor allem der finanzielle Rahmen eines neuen Verkehrswegs bzw. -mittels interessant. Dabei spielen die Investitionskosten in Verkehrsinfrastruktur und Fahrzeuge, deren Instandhaltungs- und Betriebskosten sowie die Verteilung von Erträgen und Aufwendungen bei Bau und Betrieb eine wesentliche Rolle.

7.3.1   Standardisierte Bewertung und Zuschüsse

Um die Rentabilität einer Verkehrswegeinvestition im ÖPNV zu untersuchen, wird die bundesweit einheitliche sogenannte "Standardisierte Bewertung" [41] durchgeführt, wobei vier Indikatoren unterschiedliche Sichtweisen widerspiegeln:

A   betriebswirtschaftlicher Indikator (betriebswirtschaftliche Sicht)

B   Nutzen-Kosten-Indikator (volkswirtschaftliche Sicht)

C   nutzwertanalytischer Indikator (volkswirtschaftliche Sicht unter Einbeziehung weiterer externer Kosten)

   Zusätzlich werden ergänzende Betrachtungen angestellt.

Ist Indikator A < 1, so gewinnt der volkswirtschaftliche Nutzen an Bedeutung (Indikator B), wobei jedoch konsequenterweise Indikator C herangezogen werden sollte. A, B und C beinhalten die Saldi der ÖV-Investitions- und Betriebskosten, B und C darüber hinaus noch das Saldo der IV-Betriebskosten, die ÖV-Reisezeitdifferenz sowie die Einberechnung der Saldi von Emissionen und Unfallschäden. Doch B ignoriert im Gegensatz zu C die Saldi von Energieverbrauch und Flächenverbrauch, die Differenz der Indizes der Erreichbarkeiten von Zentren sowie den Beförderungskomfort. Ergänzende Betrachtungen werden verbal erfasst (Netzzusammenhang, Nachfrageschwankungen, Wirkungen auf weitere geographische Teilbereiche etc.). Wird ein ökologisches und an das Ortsbild anpassungsfähiges Image der Stadtbahn gewünscht, so ist besonders auf Indikator C und ergänzende Betrachtungen Wert zu legen. Denn weitere volkswirtschaftliche Aspekte wie die Reduzierung der externen Kosten wirken sich in der Regel positiv auf SPNV-Projekte aus. Dies ist auch bei einer Stadtbahn vom Würmtal nach Germering zu erwarten (siehe 5.). [42]

Die Kosten sind zum Teil über das Gemeindefinanzierungsgesetz (GVFG) zuwendungsfähig, wobei üblicherweise Bund 60% und Land 25% übernehmen. Der Fahrweg wird dabei nur bezuschusst, wenn er als eigener Bahnkörper ausgeführt ist. Näheres regelt die Regierung von Oberbayern. Diese Maßnahme motiviert einerseits zur Trennung zwischen den Trassen von ÖV und IV, was beim ÖV eine geringeren Abhängigkeit vom IV mit sich bringt. Wo eine solche Teilung der Fahrwege aufgrund des Verkehrsaufkommens nicht nötig ist, kann diese Regelung andererseits zu enormen Steigerungen des Eigenanteils der Gemeinden, zu hohen Investitionskosten (Führung unter bzw. über der Straße) oder zu kreativen Lösungen wie im Raum Karlsruhe führen: In mehreren Vororten Karlsruhes wird der Fahrweg der Stadtbahn als seperate Trasse deklariert, wobei diese gleichzeitig vom IV mitbenutzt werden kann (siehe 5.3).

In der TTK-Machbarkeitsstudie [43] zu einer Stadtbahn München – Karlsfeld – Dachau wurde eine Verlängerung der Tramstrecke 20 aus der Kernstadt empfohlen. Obwohl diese 15,2 km lange (neue) Strecke in ihrer radialen Lage zur Kernstadt nicht mit einer tangentialen Stadtbahn im Würmtal zu vergleichen ist, zumal sie vorerst keine Zweisystem-Eigenschaft besitzen soll, kann sie aufgrund ähnlicher Trassierungselemente als Orientierungshilfe für T1 und T2 dienen: So sollen die Investitionskosten etwa 5,9 Millionen €/km betragen. Für die Instandhaltung der Infrastruktur bei einer durchgehend zweigleisigen Strecke wurden pro Jahr 0,5 Millionen € angesetzt ($\Rightarrow$ 32.900 €/km), wobei künftige Erneuerungen der Strecke nicht mit einbezogen wurden. Die Betriebskosten der Stadtbahn nach Dachau würden laut TTK jährlich 2,21 Millionen € betragen – mit der Annahme, dass Stadtbahn und Münchner Tram einen Fahrzeugpool bilden, was im Würmtal zur Zeit nicht vorgesehen ist. Im Gegensatz zur TTK-Studie wird bei den Baukosten mit 10 Millionen €/km gerechnet – ein oberes Limit, das unerwartete Kostensteigerungen vorsorglich miteinschließt. Der Bau von T1/T2 (Varianten A1, A2, B2, C, D2) wird damit bei insgesamt rund 18 km Streckenlänge ca. 180 Mio. € kosten, bei 6 Mio. €/km würde dieser Betrag auf 108 Mio. € sinken.

Wie auf der Relation München – Dachau, so können auch im Untersuchungsbereich Buslinien ersetzt werden (Bus 260 / 853 bei T1; Bus 34 (teilweise) / 268 / 853 bei T2; Stand Juni 2001). Zu diesen Einsparungen addieren sich zu erwartende Fahrgeldmehrerlöse, weil spurgeführte Verkehrsmittel durch deren fehlende Seitenbeschleunigung einen höheren

Fahrkomfort als Busse aufweisen und zudem ein eigener Fahrweg bzw. ein Gleis im Straßenraum von der Bevölkerung besonders gut wahrgenommen wird (zusätzlicher Werbeeffekt). Erfahrungsgemäß steigen bei verkehrspolitisch sinnvollen neuen Stadtbahn- und Tramlinien die Fahrgastzahlen über die Erwartungen hinaus (zum Beispiel Tram 17-West in München, Stadtbahnnetz Karlsruhe etc.).

Auf Grundlage der heutigen Preise und Regelungen beim MVV-Bartarif werden darüber hinaus die Fahrpreise bei einer Stadtbahnverbindung im Untersuchungsraum um bis zu 50% sinken [44]. Bei Einbeziehung von Kurzstrecken liegen die Fahrpreise möglicherweise noch niedriger. Diese geringeren Fahrpreise werden sich aufgrund der deutlichen Attraktivitätssteigerung der Relation Germering – Planegg durch den Bau der Stadtbahn eher positiv auf die ÖV-Erlöse auswirken, weil dadurch voraussichtlich neue ÖPNV-Kunden gewonnen werden können.

7.3.2 Aufgabenträger

Während in Bayern für AST, Stadt- und Regionalbus, Tram und U-Bahn die Landkreise, die kreisfreien Städte und die Gemeinden zuständig sind, übernimmt die bayerische Eisenbahngesellschaft (BEG), die dem bayerischen Verkehrsministerium untersteht, die Funktion als Aufgabenträger für den restlichen SPNV. Der Münchner Verkehrs- und Tarifverbund (MVV) ist nurmehr für Koordination von Tarif und Fahrplan zuständig, wobei Entscheidungen darüber von seinen Gesellschaftern (Freistaat Bayern, LH München, Landkreise im MVV) getroffen werden. Weil der gesamte Untersuchungsraum im MVV-Gebiet liegt, wird eine vollständige Einbindung der Stadtbahnlinien T1 und T2 in diesen Verkehrs- und Tarifverbund empfohlen.

In der öffentlichen Debatte ist ferner eine europäische Ausschreibung von Verkehrsverträgen allgemein, wie es auch in Deutschland teilweise bereits praktiziert wird. Wie im Karlsruher Stadtbahnnetz [45] und beim überörtlichen Busverkehr im Münchner Umland, so könnten sich auch bei den Stadtbahnen die Landkreise und die betroffenen Gemeinden die Leistungen beim Betreiberunternehmen bestellen sowie das Defizit untereinander teilen. Für Fahrten auf S-Bahnstrecken ist dagegen die Einbindung der BEG in Erwägung zu ziehen. Aufgrund der wechselnden Aufgabenträger sind deswegen alle teilhabenden Besteller in einem gemeinsamen Organ zusammenzufassen. Auf Betreiberseite ist es denkbar, dass statt eines homogenen Verkehrsunternehmens (VU) auch Kooperationen von VU, Fahrzeugindustrie, Energieversorgern etc. gebildet werden, um Synergieeffekte vor allem bei Betrieb und Wartung ausschöpfen zu können.

7.4   Betriebskonzept

Der Betriebsablauf muss sich an den bestehenden Verkehrsströmen orientieren, wobei aber auch die einzigartige Chance besteht, diese neu zu lenken. Dem Fahrplankonzept ist ein einheitlicher Grundtakt zugrunde gelegt, der den üblichen Taktfolgen im MVV entspricht. Dadurch ergibt sich für die Stadtbahn auf allen Abschnitten ein 20-Minuten-Takt als Basis, der tagsüber (HVZ und NVZ [M]) in der Regel zu einem 10-Minuten-Takt verdichtet wird. Die beiden Linien T1 und T2 verkehren in den Abschnitten B, C und D (siehe 3.2.) gemeinsam, sodass sie, wie folgender Vorschlag zeigt, aufeinander abzustimmen sind:

⮞ T1 und T2 verkehren auf dem gemeinsamen Abschnitt Germering – Planegg als Doppeltraktion [N]. Dafür sind entsprechende Bahnsteiglängen vorzusehen, wobei die einzelnen Triebwagen eventuell kürzer als die vorgestellten und in Saarbrücken eingesetzten Stadtbahntriebwagen der Firma Bombardier sind.

⮞ Flügelung von T1 und T2 am Feodor-Lynen-Gymnasium (Planegg) in Richtung Neuried (T1) und Martinsried (T2). Dadurch entstehen Direktverbindungen entlang T1 und T2.

⮞ Um im Abschnitt Martinsried – Fürstenried West dem womöglich hohen Fahrgastaufkommen gerecht zu werden, ist eine Verstärkung von T2 durch einen zweiten Triebwagen oder der Einsatz von Zusatzzügen (T2+) auf diesem Abschnitt denkbar.

(siehe auch Grafik S. 47)

Abstell- und Wendeanlagen sind an allen wichtigen Verknüpfungspunkten im Primärnetz vorzusehen, um betrieblich flexibel reagieren zu können. Darüber hinaus ermöglichen eine hohe Anzahl von Gleiswechseln auf zweigleisigen Abschnitten eine flexible Betriebsabwicklung auch bei Störungen.

Solange noch keine Stadtbahnen zwischen Germering und Planegg verkehren ist ein Vorlaufbetrieb mit Bussen sinnvoll. Im Hinblick auf eine schnelle Direktverbindung über Neuried nach Fürstenried West (Stadtbahnlinie T1) ist die Verlängerung der Buslinie 260 von Planegg nach Germering durchzuführen (via M21 sowie Planegger Straße oder Otto-Wagner-Straße in Germering). Die Eröffnung von T1/T2 kann noch im Zeitraum bis 2010 erfolgen, weil beispielsweise die Saarbrückener Stadtbahn von der "Verkehrswissenschaftlichen Untersuchung" (1991) bis zur "Inbetriebnahme der 1. Betriebsstufe der Saarbahn" (1997) knapp sieben Jahre benötigt wurden. [46]

[M] HVZ: Hauptverkehrszeit / NVZ: Nebenverkehrszeit

[N] Voraussetzung sind automatische Kupplungen (heutzutage beim städtischen SPNV üblich)

8 Aufbau eines Stadtbahnnetzes im Raum München

Innerhalb des Würmtals ist der Aufbau eines Linienkreuzes mit dem Mittelpunkt Martinsried analog des heutigen Würmtalbuskonzepts empfehlenswert, um die gesellschaftlichen und ökonomischen Zentren miteinander zu verknüpfen. Von dort wandern strahlenförmig die Stadtbahnäste in die nächstgelegen Zentren bzw. regionalen Verkehrsknoten (zum Beispiel S- und U-Bahnhöfe). Zusätzlich sind Tangenten denkbar, die starke, für Martinsried nicht relevante Verkehrsströme, vorbeileiten (zum Beispiel Pasing – Blumenau – Großhadern – Neuried / Fürstenried West oder Planegg – Neuried / Fürstenried West). Ab dem U-Bahnhof Fürstenried West besteht die Möglichkeit, eine leistungsfähige Südtangente innerhalb der LH München via Solln und Harlaching bis Neuperlach zu schaffen (unter Mitbenutzung der Großhesseloher Brücke im Zweisystem-Betrieb). Darüber hinaus werden verkehrliche, vielmehr aber auch betriebliche Verknüpfungen mit dem Münchner Tramnetz (Pasing, Blumenau – Laim, Großhadern – Waldfriedhof, Fürstenried – Solln – Harras – Kernstadt) zu weiteren Verbesserungen im Oberflächennetz (Stadtbahn, Tram, Bus, AST) führen.

Wie in 3.2.4 schon angesprochen, bieten sich auch Verlängerungen der Referenzstrecke in Richtung Nordwesten an: Die östlichen Kommunen des Lkr. Fürstenfeldbruck (Eichenau, Germering, Gröbenzell, Olching, Puchheim) haben bis auf Germering zwischen 10.000 und 20.000 Einwohnern. Erst eine Anbindung Fürstenfeldbrucks (ca. 30.000 Einwohner) ermöglicht die direkte Verbindung dreier Gravitationszentren der südwestlichen Suburbia Münchens: Fürstenfeldbruck – Germering – Würmtal. Ihr Nutzen wird durch die Anbindung weiterer Vororte optimiert (Eichenau, Emmering-Süd), gleichzeitig können durch die Bündelung mit der Bahnstrecke München – Buchloe zwischen den Stationen Eichenau und Fürstenfeldbruck vorhandene Ressourcen mitbenutzt werden [°]. An beiden Enden der Mischbetriebsstrecke sind bei Mitbenutzung von Eisenbahngleisen durch die Stadtbahn zusätzlich zu den ohnehin wünschenswerten niveaufreien Ausfädelungen Systemwechselstellen (EBO/BOStrab, Stromsystem) nötig. Erst eine Weiterführung der Stadtbahn in die Fürstenfeldbrucker Innenstadt deckt einen Großteil ihres möglichen Einsatzspektrums ab.

Analog zum Netzaufbau im Würmtal inklusive Streckenverlängerungen in den Landkreis Fürstenfeldbruck können anfangs auch kleinräumige Stadtbahnnetze in den suburbanen Regionen Dachau, Garching, Neue Messe München / Aschheim, Unterhaching / Ottobrunn sowie teilweise als Gemeinschaftsprojekt mit der Tram innerhalb der Landeshauptstadt München entstehen. Die zweite Stufe enthält neben Netzverdichtungen vor allem Lückenschlüsse zwischen einzelnen Teilnetzen. Anschließend können weitere Korridore starken Verkehrsaufkommens und andere Siedlungsgebiete erschlossen werden.

[°] Wegen der dichten Streckenbelegung auf diesem Abschnitt ist spätestens mit der Mitbenutzung durch die Stadtbahn ein längst überfälliger viergleisiger Ausbau der S4-West innerhalb des Verdichtungsraumes notwendig. Während einer Übergangsphase könnte für die Stadtbahn jedoch auch provisorisch eine parallele Trasse errichtet werden, die später durch die S-Bahn mitbenutzt wird oder als Vorleistung zur viergleisigen Gemeinschaftstrasse von Fern- und Regionalzügen, von S-Bahn- und Stadtbahnen.

9   Fazit

Die tangentiale Stadtbahn wird im Verdichtungsraum München kein bestehendes Nahverkehrsmittel ersetzen können, sondern insbesondere in den Vororten die erheblichen Angebotslücken zwischen schnellem Schienenpersonennahverkehr und öffentlichem Verkehr auf der Straße schließen. Eine Reduzierung von Verkehrsproblemen und deren Folgen (wie beispielsweise Flächenverbrauch, Emissionsbelastung, Klimaveränderung etc.) werden die Lebensqualität spürbar verbessern und dadurch zu einer Neubewertung der betroffenen Gemeinden führen. Diese einmalige Chance wäre für einen weltweit anerkannten, aufstrebenden Verdichtungsraum wie die Region München ein unschätzbarer Vorteil.

© Stefan Baumgartner (Foto und Nachbearbeitung)

10 Abbildungsverzeichnis und Bildnachweis

➲ **Abbildungsverzeichnis (ohne Fotos)**

	Kapitel	Beschreibung
Abb. 1	1.1	ÖPNV-Verkehrsmittel – gestaffelt nach durchschnittlicher Kapazität
Abb. 2	1.1	Eigenschaften der Stadtbahn
Abb. 3	3.1.2	Würmtalbuskonzept
Abb. 4	3.2.2	Varianten B1, B2, B3
Abb. 5	5.1	externe Kosten des Personenverkehrs 1995 (ohne Staukosten)
Abb. 6	5.2	Verkehrsmittel (innerorts): ausgewählte externe Kosten *pro Fahrzeug*
Abb. 7	5.2	Verkehrsmittel (innerorts): ausgewählte externe Kosten *pro Person*
Abb. 8	5.3	Straßenprofil Otto-Wagner-Straße (Germering)
Anhang	11 (S. 43)	Struktur des ÖPNV im südwestlichen Verdichtungsraum Münchens
Anhang	11 (S. 44)	Stadtbahntrassierung in Neuried
Anhang	11 (S. 45)	Profil der Stadtbahnstation am Bahnhof Planegg
Anhang	11 (S. 46)	Güterstadtbahn: mögliche Einsatzrouten und -modelle
Anhang	11 (S. 47)	Betriebskonzept für die Stadtbahnlinien T1 und T2

➲ **Bildnachweis**

Landratsamt Fürstenfeldbruck	Seite 3 (Grußwort)
Stefan Baumgartner (Autor) – siehe auch Impressum (Seite 2) –	Titelseite und Buchblock (Seiten 1, 2, 4 - 52)

11 Anhang: Grafiken

Struktur des öffentlichen Personennahverkehrs im südwestlichen Verdichtungsraum Münchens

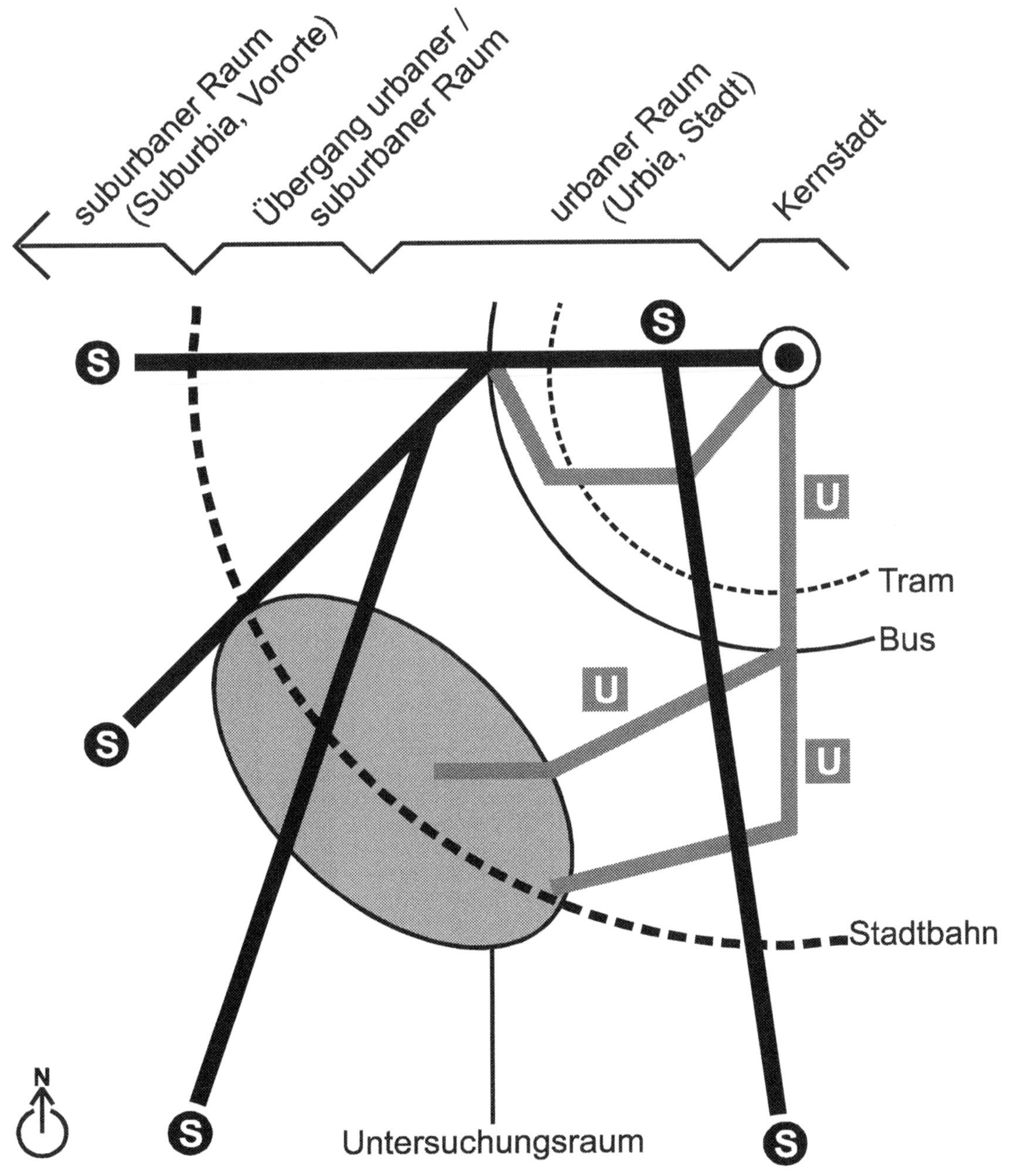

Stadtbahntrassierung in Neuried

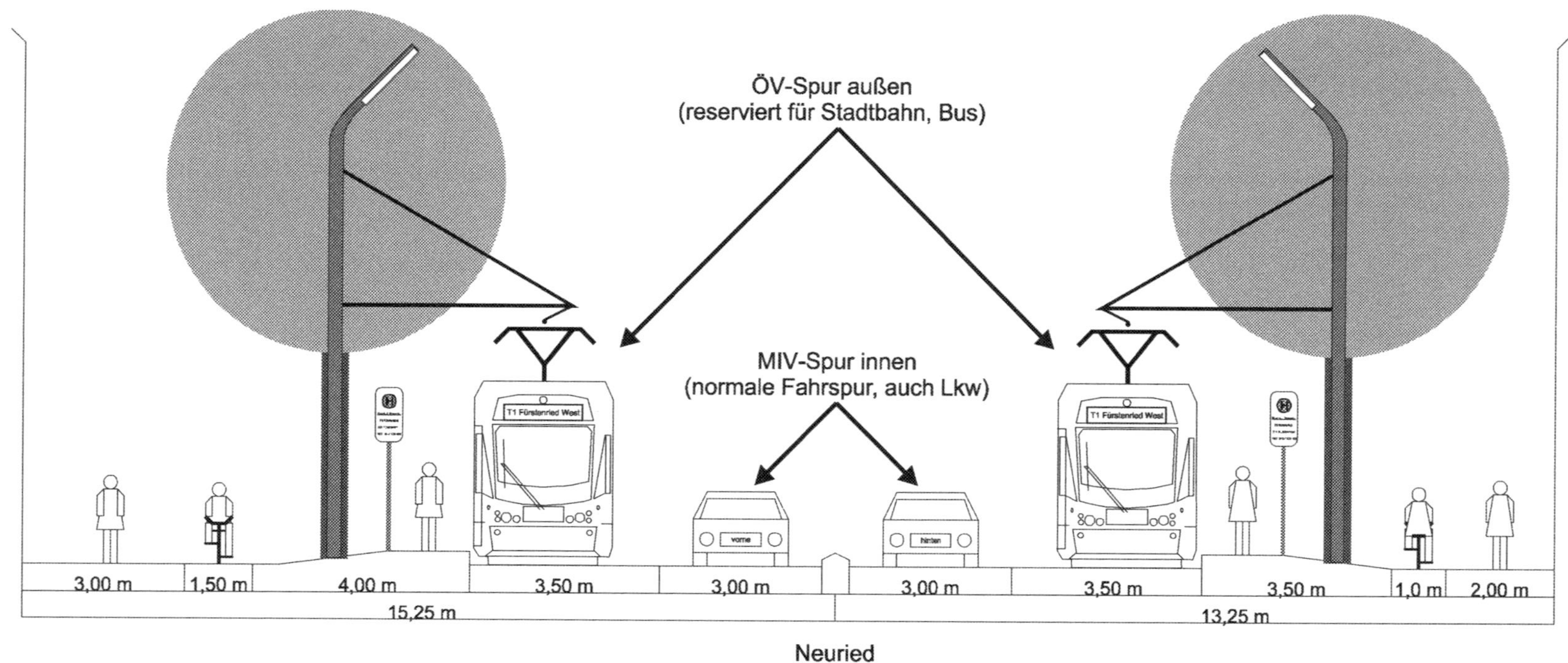

Neuried
Planegger Straße westlich der Ortsmitte
Blickrichtung: Nordwest (Planegg, Germering)

Stadtbahn: Zeichnung nach Modell Bombardier
© Stefan Baumgartner, Eichenau, 2001

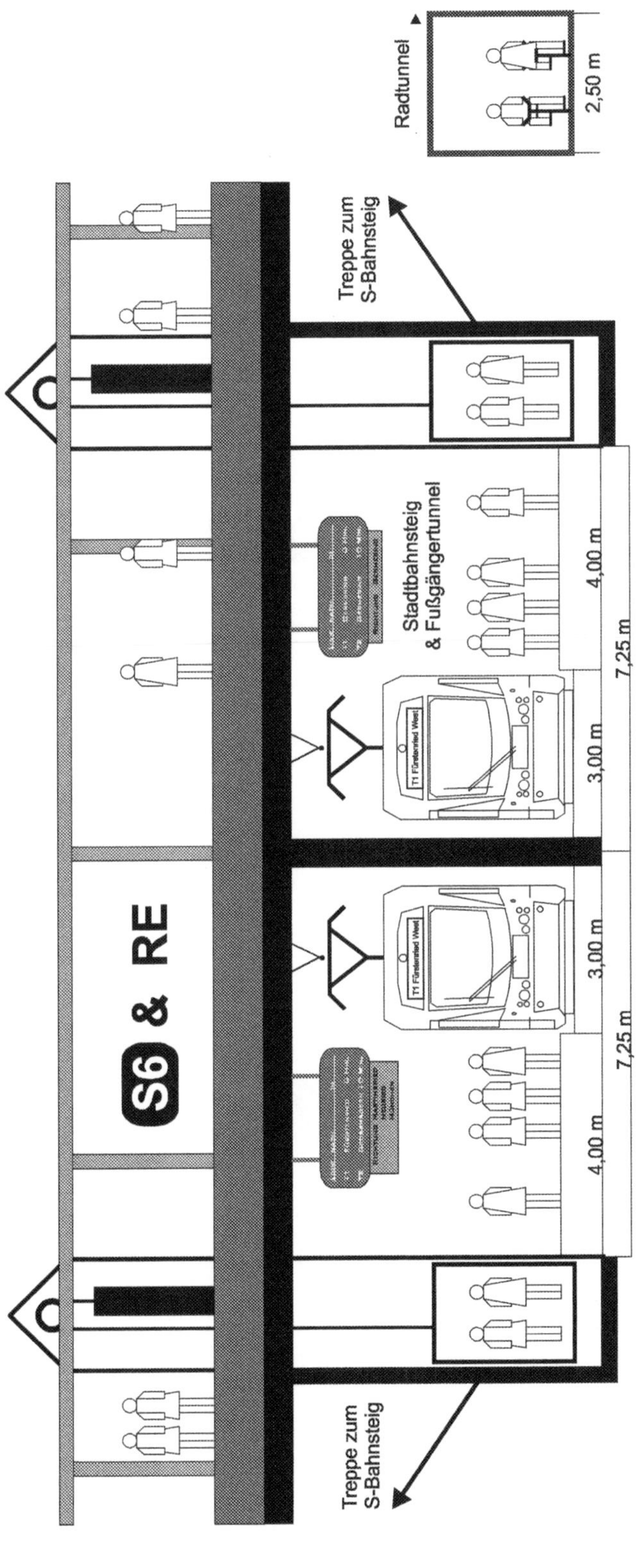

Profil der Stadtbahnstation am Bahnhof Planegg
S6 & RE
Radtunnel
2,50 m
Treppe zum S-Bahnsteig
Stadtbahnsteig & Fußgängertunnel
Treppe zum S-Bahnsteig
4,00 m
7,25 m
3,00 m
3,00 m
7,25 m
4,00 m
Planegg (Varianten B1 und B2)
Turmbahnhof von S6, RegionalExpress (RE) und Stadtbahn
Blickrichtung: West (Kreuzlinger Forst, Germering)
Stadtbahn: Zeichnung nach Modell Bombardier
© Stefan Baumgartner, Eichenau, 2001

Güterstadtbahn: mögliche Einsatzrouten und -modelle

46

Betriebskonzept für die Stadtbahnlinien T1 und T2

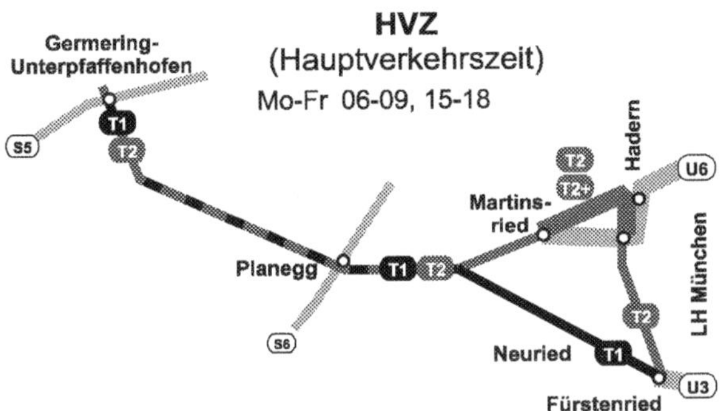

T1, T2:   jeweils Einfachtraktion

T2+:   Einfach- oder Doppeltraktion

T1&T2:   zwei Einfachtraktionen gekuppelt

Bei hohem Fahrgastaufkommen zwischen
Germering und Planegg:
* Abschaffung des Flügelns während der HVZ
* 5-Min.-Takt bis Germering mit Doppeltraktionen
  (abwechselnd T1 und T2)
  - oder -
* T1 als Expresslinie (wie in der Region Karlsruhe)

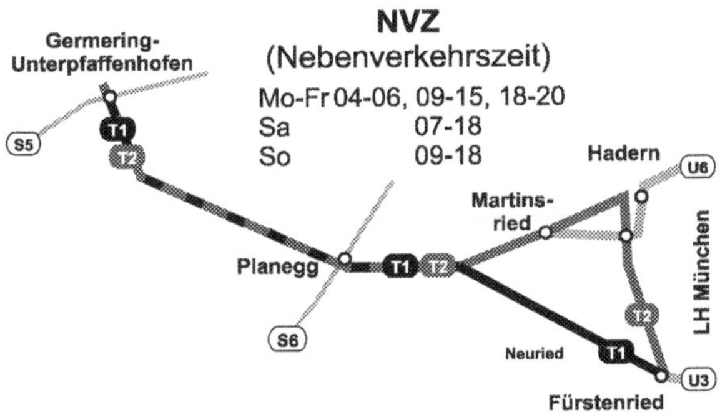

T1, T2:   jeweils Einfachtraktion

T2+:   Einfachtraktion

T1&T2:   zwei Einfachtraktionen gekuppelt

Bei hohem Fahrgastaufkommen zwischen
Martinsried und Großhadern:
* T2+ als Verstärker von T2 (Route wie HVZ)
  - oder -
* T2 auf genanntem Abschnitt als Doppel- statt
  Einfachtraktion
  ("Schwächen" und "Stärken" von T2 in Martinsried)

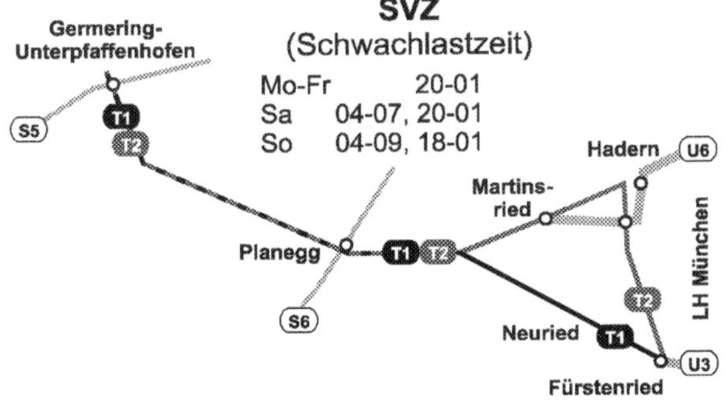

T1, T2, T2+: jeweils Einfachtraktion

T1&T2: zwei Einfachtraktionen gekuppelt

Bei hohem Fahrgastaufkommen zwischen
Martinsried und Großhadern (Spätschicht etc.):
* T2+ als Verstärker von T2 (Route wie HVZ)

Betrieb in den Nächten auf Samstag, Sonn- und
Feiertag (mit Anschluss an Nachtlinien, S5, S6):
* T1, T2 je stündlich; von Planegg bis Germering
  gekuppelt (60'-Takt) oder versetzt (30'-Takt)

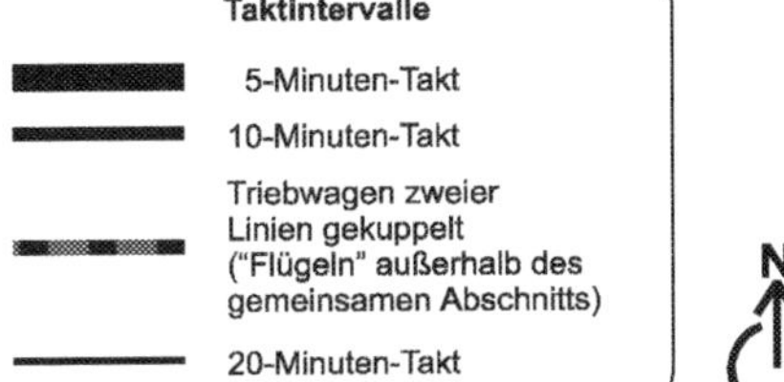

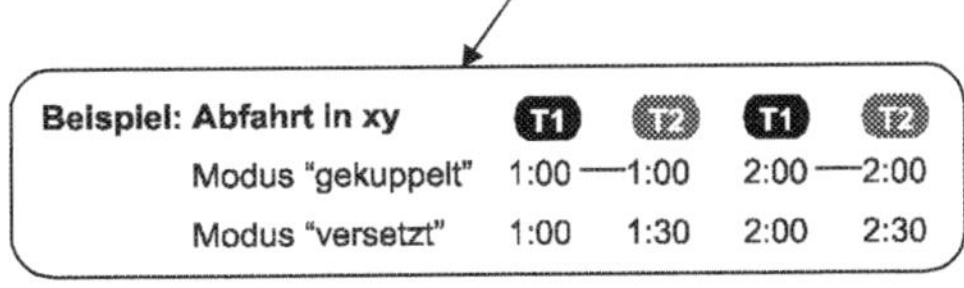

© Stefan Baumgartner, D-82223 Eichenau, 2001

12.   Stadtbahnen im Internet

Zur weiteren Information über den Themenkomplex "Stadtbahn" bieten Ihnen natürlich nicht nur die im Literaturverzeichnis aufgeführten Lektüren reichhaltig Lesestoff, sondern auch das Internet. Folgende Auflistung stellt eine Auswahl der Internet-Stadtbahnseiten dar:

12.1   ÖPNV

Stadtbahnen weltweit (engl.)	www.lrta.org
Stadtbahnen auf Eisenbahngleisen (engl.)	www.euronet.nl/~wijzer/tram.htm
"Light Rail Atlas" (niederl. / engl.)	www.xs4all.nl/~rajvdb/lra

Karlsruher Verkehrsverbund (KVV)	www.kvv.de
Saarbahn [Region Saarbrücken]	www.saarbahn.de
Kasseler Verkehrsgesellschaft (KVG)	www.kvg.de/kvg
Nordhessischer Verkehrsverbund (NVV)	www.nordhessenmobility.de
Vogtlandbahn [Region Zwickau]	www.vogtlandbahn.de
Dresdner Verkehrsbetriebe (DVB) (inklusive Informationen zur CarGoTram)	www.dvbag.de
Stuttgarter Straßenbahnen (SSB)	www.ssb-ag.de
Münchner Verkehrs- und Tarifverbund (MVV)	www.mvv-muenchen.de
Stadtbahnen im Raum München (inklusive Linksammlung)	www.stadtbahn-muenchen.de
Busnetz Würmtal	www.buskonzept.de
ÖPNV im Landkreis Fürstenfeldbruck	www.lra-ffb.de/oepnv2.htm

12.2   Fahrzeugindustrie

Alstom	www.transport.alstom.com
Bombardier Transportation	www.transportation.bombardier.com
Siemens Transportation	w4.siemens.com/ts

12.3   Landkreise und Gemeinden im Untersuchungsgebiet

Landeshauptstadt München	www.muenchen.de
Landkreis Fürstenfeldbruck	www.lra-ffb.de
Landkreis München	www.landkreis-muenchen.de
Stadt Germering	www.germering.de
Gemeinde Gräfelfing	www.graefelfing.de
Gemeinde Krailling	www.krailling.de
Gemeinde Neuried	www.neuried.de
Gemeinde Planegg	www.planegg.de

13   Literaturverzeichnis (Quellennachweis)

[1] Der Nahverkehr, 1-2/94: "Erfahrungen mit der ersten Stadtbahn auf Bundesbahngleisen";S. 42

[2] Der Nahverkehr, Sonderdruck 10/95: "Das Karlsruher Modell und seine Übertragbarkeit"; S. 2

[3] Prof. Dipl.-Ing. Dipl.-Wirtsch.-Ing. Peter Lisson: Drehscheibe des Südens / Eisenbahnknoten München, Darmstadt, 1991; Seite 151

[4] Einwohnerzahlen vom 31.12.1997: Gauting (alle Ortsteile) 18.532, Gräfelfing (mit Lochham) 13.138, Krailling 7.323, Neuried 6.264, Planegg (mit Martinsried) 10.598; Planungsverband Äußerer Wirtschaftsraum München: Datenspiegel 1998

[5] Einwohnerzahl Germering-Unterpfaffenhofen von 35.535 auf 36.000 gerundet. (Stand: 31.12.1997); Planungsverband Äußerer Wirtschaftsraum München: Datenspiegel 1998

[6] Prognostizierte Fahrgastzahl für das gesamte S-Bahnnetz München an einem Werktag 1972: 220.000; erreichte Fahrgastzahl werktags 1972 ca. 250.000, 1973 ca. 430.000; Reinhard Pospischil: S-Bahn München, Düsseldorf, 1997; Seite 137

[7] (LH München: 1.205.923 Einwohner); Planungsverband Äußerer Wirtschaftsraum München (PVA): Datenspiegel 1998, Einwohner zum 31.12.1997

[8] "(...) 95 Gemeinden mit rd. 276.000 Einwohnern im MVV-Raum [befinden] sich in den Zwischenräumen von S-Bahn-Achsen bzw. außerhalb von S-Bahnendhaltepunkten (...) und [können] als zusätzliche Potentiale für einen weiteren Schienenverkehr herangeführt werden (...)."; MVV: Zwischenbericht Stadt-Umland-Bahn, 31.07.2000 (Anlage 2: Zusammenfassung der Untersuchung der TU München)

[9] Reinhard Pospischil: S-Bahn München, Düsseldorf, 1997

[10] als Szenario zusätzlich mit U-Bahn Fürstenried West - Neuried - Planegg - Germering-Unterpfaffenhofen; Arbeitsgemeinschaft Planungsverband Äußerer Wirtschaftsraum München, Planungsbüro Prof. Dr.-Ing. H. Kurzak, Planungsbüro Dr. J. Schaller: Umweltverträglichkeitsprüfung Verkehrsnetz Würmtal, 1992

[11] siehe auch 6.2; Gde. Planegg, Bebauungsplan Nr. 59 mit integriertem Grünordnungsplan, Sondergebiet Wissenschaft der Universität in Martinsried, 29.06.2000, Seite 3

[12] "Desweiteren haben sich Defizite [im ÖV] - im Vergleich mit den Reisezeiten im Straßenverkehr - bezüglich der ÖPNV-Verbindungen vom Umland zu nicht an den bestehenden radialen Schnellbahnachsen liegenden Stadtbezirken der Landeshauptstadt München gezeigt."; MVV: Zwischenbericht Stadt-Umland-Bahn, 31.07.2000 (Anlage 2: Zusammenfassung der Untersuchung der TU München)

[13] Intraplan Consult GmbH: Münchner-Umland-Bahn / Grobabschätzungen zur potenziellen Verkehrsnachfrage / Untersuchungsergebnisse zum Ergänzungsauftrag Olching – Eichenau – Germering-Unterpfaffenhofen, Januar 2001; Seite 5 (Ohnefall, d.h. Stadtbahnstrecke Würmtal – Gröbenzell via Planegg, Germering-U. und Puchheim)

[14] MVV-Consulting: Zwischenbericht Stadt-Umland-Bahn, München, 07.09.2000; Anlage 3, Seite 2

[15] durchschnittliche Auslastung eines Pkw: 1,3 Personen; TU München, Verkehrs- und Stadtplanung: Grundlagen der Verkehrs- und Stadtplanung, 1998; 4.2

[16] Pro Bahn, LV Bayern: Neugliederung Busnetz Würmtal / München Südwest, 1991

[17] Pro Bahn: 18. Horber Schienen-Tage (Hauptband), München, 2000; S. 71

[18] Otto-Wagner-Straße (Germering-Unterpfaffenhofen): mindestens 40 Geschäfte mit Gütern für den kurz- und mittelfristigen Bedarf, davon mindestens 30 mit weniger als 100 m² Verkaufsfläche; PVA: Germering, Flächennutzungsplanung (Karte 5 (Läden und Gaststätten)), Juni 1995

[19] Dipl.-Geophys. Holger Busche: Regenerativer Raketentreibstoff für Rasante Züge, Kiel, 1998

[20] Pro Bahn: Pro Bahn Zeitung Nr. 84, Detmold, 2000

[21] Vergleiche "Empirische Daten aus München"; Grundlagen der Verkehrs- und Stadtplanung (5.7), TU München, Lehrgebiet Verkehrs- und Stadtplanung

[22] TU München, Lehrgebiet Verkehrs- und Stadtplanung: Univ.-Prof. Dr.-Ing. Kirchhoff, Verkehr und Umwelt, 1996

[23] UIC: Der Weg zur nachhaltigen Mobilität / Die externen Kosten des Verkehrs reduzieren, April 2000; Seite 18

[24] UIC: Der Weg zur nachhaltigen Mobilität / Die externen Kosten des Verkehrs reduzieren, April 2000

[25] UIC: Der Weg zur nachhaltigen Mobilität / Die externen Kosten des Verkehrs reduzieren, April 2000; Seite 13; Bezugsdaten der INFRAS/IWW-Studie: EU-Länder 1995 inkl. Schweiz und Norwegen (alle Verkehrsträger)

[26] Intraplan Consult GmbH, München: Standardisierte Bewertung von Verkehrswegeinvestitionen des öffentlichen Personennahverkehrs, Sach- und Preisstand 1993

[27] VDV-Schriften (150): Typenempfehlung Stadtbahn-Fahrzeuge, 04/1995; VDV = Verband Deutscher Verkehrsunternehmen, Köln

[28] Quelle von Zitat und Information: Kölner Verkehrsbetriebe AG - Medien, Presse, Öffentlichkeitsarbeit: "Zusammenfassung der Prognos-Studie", 2000

[29] Gde. Planegg: Bebauungsplan Nr. 59 mit integriertem Grünordnungsplan / Sondergebiet Wissenschaft der Universität in Martinsried, Planegg, 29.06.2000 (Entwurf); Seite 1

[30] laut Christian Breu, Geschäftsführer des Planungsverbandes Äußerer Wirtschaftsraum München sowie des Regionalen Planungsverbandes; Süddeutsche Zeitung: Fürstenfeldbrucker SZ (Würmtal), München, 26.01.2001; Seite R9

[31] "(...) der rote Biotech-Standort Martinsied, der sich auf den zweiten Rang innerhalb der Europäischen Union vorgearbeitet hat, (...)"; Süddeutsche Zeitung: Münchner Neueste Nachrichten (Münchner Wirtschaft), München, 24.01.2001; Seite L4

[32] Gde. Planegg: Bebauungsplan Nr. 59 mit integriertem Grünordnungsplan / Sondergebiet Wissenschaft der Universität in Martinsried, Planegg, 29.06.2000 (Entwurf)

[33] Der Nahverkehr, 4/2000: "CarGoTram: Die Wiedergeburt der Güterstraßenbahn?"; Seite 54ff.

[34] Der Nahverkehr, 7-8/2000: "Eine Güterstraßenbahn für Erfurt?"; Seite 46ff.

[35] MVV-Consulting: Zwischenbericht Stadt-Umland-Bahn, München, 07.09.2000; Seite 1

[36] MVV-Consulting: Zwischenbericht Stadt-Umland-Bahn, München, 07.09.2000

[37] Edmund Lauterbach, Pro Bahn Post 11/95: Stadtbahnvisionen / Moderner Schienenverkehr für das Münchner Umland, 1995

[38] Pro Bahn, Regionalverband Oberbayern: Stadtbahn / Ein ergänzendes Verkehrssystem für München und sein Umland, 1997

[39] Verkehrsclub Deutschland (VCD) und Bund Naturschutz (BN): Die Münchner Umland Bahn / Ein Stadtbahnsystem für die Region München, 1996

[40] Fahrgastverband Pro Bahn: "wichtige Ereignisse", http://www.stadtbahn-muenchen.de/meilensteine.html (aufgerufen am 17.07.2001)

[41] alle Daten dazu aus: Intraplan Consult GmbH, München: Standardisierte Bewertung von Verkehrswegeinvestitionen des öffentlichen Personennahverkehrs, Sach- und Preisstand 1993

[42] Intraplan Consult GmbH, München: Standardisierte Bewertung von Verkehrswegeinvestitionen des öffentlichen Personennahverkehrs, Sach- und Preisstand 1993

[43] TTK-Machbarkeitsstudie Stadtbahn Dachau – Karlsfeld – München Nord, 18.09.1998

[44] Germering – Bf. Planegg im Außenraum, sonst Innenraum mit Bf. Planegg als Zonengrenze; Grundlage von Fahrpreis und Tarifgestaltung: MVV-Fahrplan 2000/2001, gültig ab 28.05.2000

[45] Pro Bahn: 18. Horber Schienen-Tage (Hauptband), München, 2000; Dr. Dieter Ludwig, "Stadtbahn: Erfahrungen aus Karlsruhe", S. 87

[46] 1991 ("Verkehrswissenschaftliche Untersuchung") bis 1997 ("Inbetriebnahme der 1. Betriebsstufe der Saarbahn"); UITP: Public Transport International (deutsch), 1998/4, Brüssel; S. 29

14   Chronik der Broschüre

Herbst 1999	**Genehmigung des Themas meiner Facharbeit im Rahmen des Leistungskurses Erdkunde:** *Verkehrsplanung im Verdichtungsraum München – tangentiale Stadtbahn als Lösung für Verkehrsprobleme*
22. - 26. November 2000	Teilnahme an den "Horber Schienentagen" in Horb am Neckar – unter anderem mit dem Schwerpunkt "Stadtbahn"
27. November 2000	Anmeldung der Facharbeit beim Wettbewerb "Jugend forscht"
18. Januar 2001	**Öffentliche Facharbeitspräsentation im Rathaus Germering:** Über die gut besuchte Veranstaltung mit hochrangigen Vertretern aus Politik und Industrie, von Aufgabenträgern, Verkehrsunternehmen und Verbänden berichteten der überregionale Radiosender "B5-aktuell" (Bayerischer Rundfunk), der Regionalradiosender "106.4" sowie die Lokalredaktionen von Süddeutscher Zeitung und Münchner Merkur.
21. Januar 2001	Abgabe der Kurzfassung der Facharbeit bei "Jugend forscht"
30. Januar 2001	Abgabe der Facharbeit im Leistungskurs Erdkunde
01. / 02. März 2001	**Teilnahme mit der Kurzfassung der Facharbeit am Wettbewerb "Jugend forscht" in Ottobrunn bei München:** **Sonderpreis "Umwelttechnik Bayern" des bayerischen Staatsministeriums für Landesentwicklung und Umweltfragen**
April 2001	Bekanntgabe der Bewertung der Facharbeit am Gymnasium: 15 Punkte (volle Punktzahl = Note 0,7) Diese Bewertung fließt zu einem gewichtigen Anteil in das Abitur.
Herbst 2001	**Publikation der Facharbeit unter dem Titel** *Tangentialverkehr in Ballungsräumen* *Ein Stadtbahnprojekt südwestlich von München*